カレー全書

より広く より深く

40軒の113のレシピ

柴田書店

○取材店の情報やメニューは2016年8月現在のものです。
○料理名は取材店のメニューに準じています。
　本全体の統一はとっておりません。
○スパイスは産地や収穫時期、流通・保存状態により品質は
　変わってきます。分量はあくまでも目安としてください。
○大さじは15㎖、小さじは5㎖、カップは容積200㎖です。

まえがき

　カレーは不思議な料理です。「インドにはカレーなる料理は存在せず、チキンマサラやマトンコルマといった個々の料理があるのにすぎない」という厳密さを尊重する意見もありますが、たとえ緩くとも"カレー"というくくりを設けることで、味の傾向がある程度想像つき、親しみがわき、「得体の知れないエスニック料理」から「食べてみたい未知の味」へと昇華される、そんな気がいたします。

　それはインドの宗主国であったイギリスの人々にとっても同じことで、カレーを愛し、はじめて自分なりに消化、発展させたのは彼らでした。7つの海を制覇したイギリス商人たちはインドから労働者を連れ出したこともあり、世界各地にカレー文化の種を蒔いていきます。歴史的にインドの文化圏にあった周辺国はもちろん、はるか海を越えてカレー的な料理は広がることになります。

　日本人は、そうしたカレー文化の種をもっとも熱心に育てた民族と言っても過言ではないかもしれません。明治時代から独自に工夫を重ね続け、日本料理やイタリア料理といった他ジャンルの料理人であっても、それぞれの技術をカレーに注ぎ込みたいという情熱に駆られ、次々と進化形のカレーが生み出されています。そうした広くて深いカレーの世界を覗き、各料理店のレシピを紹介するのが本書のねらいです。

　小社はすでに2007年に『カレーのすべて』という単行本を出版しており、本書はその続編、姉妹編にあたります。この10年近い年月で、世界の地方色あるカレーがよりクローズアップされるようになりました。本書はそうした時流を受け、野菜や魚のカレーのレシピを積極的に収録しています。またスープカレーや焼きカレーなどの地方発信の日本オリジナルカレーや、異業種の店ならではの独自のカレーも取り上げました。

　『カレーのすべて』は多くの老舗料理店のレシピを世に紹介し、カレーに使うスパイスや食材などを解説する教科書的な存在の先駆けとして、長らくご好評を賜っております。本書で登場する料理人さんたちの中にも、愛読者がいらっしゃったのは嬉しい限りです。この本もまた同様に、カレーを学ぼうとする方たちの役に立ち、将来の糧になるよう、祈ってやみません。

カレー全書
目次

1 カレーの基本

lecture 1 スパイスの使い方
　テンパリング…10
　ミックススパイス…11

lecture 2 カレーに使う米
　世界の米…12
　日本の米…13

チキンビリヤニ　大阪ハラールレストラン…14
ザルダ　大阪ハラールレストラン…16
ムルグビリヤニ　スパイスマジックカルカッタ本店…18
ハイデラヴァード ダム ビリヤニ　ヴェジハーヴサーガ…20
イドゥリ　スパイスマジックカルカッタ南店…22
エッグホッパー　キャンディ…24
ココナッツロティ　カッタ・サンボーラ　キャンディ…25
メープルナン　Spice of Life…26
チーズナン　スパイスマジックカルカッタ本店…27
ピットゥ　アチャラ・ナータ…28

2 世界のカレー

インド
エビのワルタルチャ　ナンタラ…30
魚のムラグシャム　ナンタラ…32
マラバール フィッシュマサラ　コチン ニヴァース…34
マトンペッパーマサラ　サフランライス　コチン ニヴァース…36

ラジャスタニ・ターリ　ヴェジハーヴサーガ…38
　　　ガッタカリー、バーティ、ジーラライス
グジャラティ・ターリ　カジャナ…42
　　　チリヤニ・サブジ、冬瓜のムティア、マサラテプラ、カディ、キチュディ
パンジャビ アルゴビカレー　シンズキッチン…46
パンジャビ ダルフライ　シンズキッチン…48
シェルシェ マーチ　ブージャー…50
コシャ マングショ　ブージャー…52
マター パニール　スパイスマジックカルカッタ本店…54
ヒラン カ マアス　スパイスマジックカルカッタ本店…56

パキスタン
ビーフハリーム　大阪ハラールレストラン…58
ラホリチャナ　大阪ハラールレストラン…60
カシミリー アル パラク　大阪ハラールレストラン…62

ネパール
ディードセット　ブルジャダイニング…64
　　　ディード、鶏もも肉のチキンカレー
ネパリ グンドルック セット　ブルジャダイニング…66
カジャセット　タカリバンチャ大森店…68
　　　ペラコマス・タレラ・ブテコ、アンダ・ブテコ、グンドルック・アチャール、
　　　ブライドチラウ、パトマス・サデコ、アルコ・アチャール
ククラコマス・ゾール　タカリバンチャ大森店…72
　　　ミサエコ・アチャール、クルサニコ・チョプ

ミャンマー
ンガクー・ヒン　ノングインレイ…74
アメーダー・ヒン　ノングインレイ…76

ベトナム
ブン・カリー　マイマイ…78
鶏肉のレモングラス、ターメリック風味煮　マイマイ…80

タイ
クーン パッポン カリー　ライカノ…82

マレーシア
パンコール風フィッシュヘッドカリー　ラサ…84

インドネシア
グレ・カンビン　チャベ目黒店…86
トンセン・カンビン　チャベ目黒店…88

スリランカ

アンブラ　セイロンカリー…90
　　キリマール、パリップ、ビーツのカレー、ジャガイモのテルダーラ
　　間引き菜のサンボル、ボルサンボル

ハラクマスカリー　セイロンカリー…94

ローヤル野菜カレー　ゴーヤサンボーラ　キャンディ…96
ローヤルエビカレー　キャンディ…98

フィッシュカレー　アチャラ・ナータ…100
ビーツカレー　アチャラ・ナータ…100

3　文化の交わるところにカレーあり

タイ×イスラム
　ゲェーン マサマン ヌァ　ライカノ…104

マレーシア×中国
　ラクサ　ラサ…106

日本×インド
　カレー南蛮　上野藪そば…108

4　日本のカレー、創作カレー

1　**オムレツ・コ・タルカリ**　玄米胡麻プラフ　あちゃーる…112
2　**チキンカレー**　HI, HOW ARE YOU…116
3　**野菜カレー**　Spice of Life…120
4　**ひき肉とレンコンのカレー**　モリ商店…124
5　**キチンとナスのカレー**　CURRY 草枕…128
6　**天然真鯛のコランブ**　大岩食堂…132

5　地方発のオリジナルカレー

知床鶏スープカレー　札幌らっきょ…136
ベジタブルスープカレー　SPICE RIG…香楽…140
門司港焼きカレー　プレミアホテル門司港…144

6 どこでもカレーを

西洋料理店	**秋田産豚ロースカツカレー**	七條…150
ホテルのコーヒーハウス	**野菜カレー**	帝国ホテル 東京…152
ホテル直営レストラン	**ビーフカレー**	レストラングラントック…154
ホテルのブッフェ	**スリランカアーユルヴェーダブッフェ** アーユルヴェーダキッチン ディデアン…156 大根のカレー、カシューナッツのカレー、ケールマンルン、ゴトゥコラサンボル	
焼肉レストラン	**ひと口ビーフカレー**	肉料理とワイン YUZAN…160
バー	**バーのラムカレー**	Bar Tram…162
日本料理店	**魚介グリーンカレー** 翠…164 **すっぽんビリヤニ** 翠…166	
フランス料理店	**特製シーフードカレー** GINZA TOTOKI…168 **オックステールのカレー** GINZA TOTOKI…170 **GOUKAKUカレー** レストランコバヤシ…172	
イタリア料理店	**モルタデッラのハムカツカレー**	サロン・ド・カッパ…174
ドイツ料理店	**ソーセージカレー** レストラン ピラミッド…176 **キーマカレー** レストラン ピラミッド…178	

7 カレーのおともに

タンドリーチキン Spice of Life…182
シークカバブ Spice of Life…184

ニンジンのピックル ナンタラ…186

レモンピックル ディデアン…187
ボルサンボル ディデアン…188
カレーリーフのチャツネ ディデアン…189

チャトニ あちゃーる…190
　　キウイとレーズンのチャトニ、なすのチャトニ
煮干しのあちゃーる あちゃーる…191

もやしのサブジ モリ商店…192
タマネギのアチャール モリ商店…192

8 カレーのあとで

クルフィー ナンタラ…194
セーミヤパヤサム ナンタラ…195
キリパニ キャンディ…196
ココナッツパンケーキ キャンディ…197
ココナッツクッキー キャンディ…198
ヴァッタラパン キャンディ…199
マサラチャイ スパイスマジック カルカッタ本店…200

掲載店紹介…201
掲載店別索引…210
素材別索引…211

colum 1 カレー店を始めるのに必要なこと…110
colum 2 飲食店営業の許可でどんな商品が売れるか…148
colum 3 カレーを通販で販売するには…180

アートディレクション　岡本洋平
デザイン　坂本弓華（岡本デザイン室）
表紙撮影　宮本進・海老原俊之
撮影　天方晴子・海老原俊之・大山裕平・齋藤太一・
　　　東谷幸一・細野美智恵・宮本進
取材　伊藤由佳子・河村研二・坂根涼子・中津川由美・
　　　深江園子・藤生久夫・三好かやの
編集　高松幸治

1
カレーの基本

カレーに欠かせない「スパイス」と「米」がこの章のテーマ。本書中にたびたび出てくるテンパリングとローストスパイスを解説。また最近とみに人気のビリヤニや、カレーとともに食べる各種主食を取り上げます。

lecture 1
スパイスの使い方

テンパリング

スパイスの芳香成分には水に溶けるものと油に溶けるものがあり、加熱することで引き出されるものがある一方で、揮発して失われてしまうものがある。そうした特性に応じて、多めの油の中で適切な温度と時間をかけて加熱し、油に香りを移す作業がテンパリングで、スターターとして調理のはじめに行なう場合と、別の鍋で作って香り油として後から加える方法がある。焦げないようホールスパイスを用いて、長く加熱したいもの、低温から加熱したいものから順に加えていく。

スタータースパイスのテンパリング

「大岩食堂」でのスタータースパイスのテンパリング例。同店では通常より油を控えめに用いているため、スタータースパイスのテンパリングはより繊細な作業となる。少ないだけに温度が上がりやすいので、速やかに加えていく。

作り方 (分量は133頁)

1. 最小限の油をフライパンに入れ、強火にかけ、フェヌグリークシードを加える A 。
2. クミンシードを加える。続いてフェンネルシードを加える B 。
3. マスタードシードを加える C 。ぱちぱちとはぜて香りが出てくる。
4. カレーリーフを加える D 。これでテンパリングは終了。
5. すぐにタマネギのみじん切り、ニンニクのみじん切りを加えて炒める E 。タマネギとニンニクが入ることで一気に油温が下がり、これらに焦げ色がつき始めるまでは水分がにじみでて蒸発し続けるので、温度は上がらない。

ミックススパイス（ローステッド）

パウダースパイスは炒めたり煮込んでいる途中で加えることが多い。あらかじめミックスしてすぐに加えられるようにしておけば時間が短縮でき、効率的だ。ミックススパイスにはインドのガラムマサラやチャートマサラ、スリランカのトゥナパハなどいろいろあり、その調合比は作り手それぞれ。市販品も多いが、自店で挽いて粉にする場合、あらかじめ煎っておくと粉にしやすく香ばしさをつけることができる。ただし揮発性の香りは煎るととびやすくなることを頭に入れておかなければいけない。

ローストカリーパウダーの作り方

「アチャラ・ナータ」ではローステッド（焙煎）タイプのトゥナパハを2～3種類、煎るときの温度を低めにし、スパイス類を乾燥させる程度にしたアンローステッドタイプ1種類を作っており、計4～5種類を常備している。ここで紹介するのは、フィッシュカレーに使うローステッドタイプで、そのほかにはカボチャのカレーなどにも使用している。

材料（1回に作る量、約1カ月分）

- コリアンダーシード…大さじ5
- フェンネルシード…大さじ5
- クミンシード…大さじ5
- フェヌグリークシード…大さじ2
- 黒コショウ（粒）…大さじ1
- レッドチリホール…3本
- シナモンスティック…5cm
- カレーリーフ（生）…1枝

作り方

1. フライパンにコリアンダーシード、フェンネルシード、クミンシード、フェヌグリークシード、黒コショウ、レッドチリホールを入れる。カレーリーフは葉のみを枝からはずして入れる**A**。
2. シナモンを崩しながら入れる**B**。中火にかけ、フライパンを振りながら煎る**C**。
3. 生のカレーリーフがカリッとし、さらにコリアンダーやクミンが黒っぽくなるまで15分ほど煎る**D**。
4. 煎り上がったら火から下ろし、バットに広げて軽く冷ます。
5. グラインダーで挽き、でき上がり**E**。

カレーの基本

lecture 2
カレーに使う米

世界の米

日本で喜ばれるうるち米は、コシヒカリに代表されるような歯ごたえのよいタイプ。科学的には「アミロース」という種類のでんぷんを多く含まないほうがよいとされる。一方水分の多いカレーをかけて指で混ぜて食べる習慣のあった東南アジアや南アジアの国では、ぱらぱらして指につかないアミロースを多く含む米が、汁をよく吸うことからも好まれる。なお、かつては粒が短くてもちもちしたジャポニカ米に対して、インディカ米は粒が長くてぱさぱさしていると単純に考えられてきたが、近年は長粒種でも粘りのある米が見つかっていることや遺伝子的な系統分類が進んだことから、粒の長さと食味の関係は単純にイコールではないことがわかってきている。

バスマティ（インド産）
北インドからパキスタンにかけて栽培されている長粒種の世界的ブランド米。

バスマティ（パキスタン産）

インド米

タイ米

タイもち米
インドシナ半島から中国西南部にかけての一部地域は、日本と同じくモチ米もある。

タイ香り米
いわゆるジャスミンライス。ポップコーンのような独特の香りがある。なおバスマティも香り米の一種。

フィリピン米

イタリア米
イタリアはリゾットに向く米として、長粒種ではないが汁を吸いやすい大粒種を多く栽培している。写真はカルナローリという品種。

ライスフレーク
玄米を蒸して柔らかくしたものをつぶし、乾燥させたもの。パリパリした独特の触感がある。

日本の米

日本でもカレー向きのインディカ米や香り米ならではのおいしさが知られるようになると、国内栽培できるように改良した新品種が育種されるようになってきた。ただし普通の米と違って割れやすくて精米がむずかしい、認知度が低くて販路が広がらないなどの課題も多い。

サリークイーン
パキスタンのバスマティ370と日本晴を掛け合わせた品種。バスマティの長所を取り入れた米として1992年に品種登録。

プリンセスサリー
サリークイーンに関東150号を掛け合わせた品種。サリークイーンを東日本でも栽培しやすいよう改良した。2001年に品種登録。

華麗舞（かれいまい）
インディカタイプの密陽23号とアキヒカリを掛け合わせた品種。表面はコシヒカリよりも固いが内部は柔らかく、粘りが少ないのが特徴。2009年に品種登録。

ホシユタカ
インディカタイプのKC89と中国55号を掛け合わせた品種。多収量を目的に1987年に誕生し、2014年に佐賀県が産地品種銘柄として登録。

ヒエリ
高知県に伝わる日本在来の香り米品種。地元で好まれ、普通の米と混合して炊かれることが多い。この品種を親としたさわかおりなどの新品種も生まれている。

米の関税

米の輸入制度は非常に複雑だ。国が一定量海外から輸入した米を国内業者が入札するMA（ミニマムアクセス）米、海外輸出業者と国内輸入業者がペアで入札するSBS（売買同時契約）米があり、これらは無税だが入札により差額が生じ、その分高くなる。またMA米は用途が加工に限られ、SBS米は主食用だが取引規模が大きく、カレー店で使われるような特殊なバスマティなどはこれにあたらない。一般にエスニック食材店などでカレー用として販売されている米は関税のかかる通常の輸入で、基本税率は1kgあたり402円、WTO協定税率（WTOに加盟している国からの輸入）が341円。さらに運賃や検疫にかかる手間などが負担となる。なお俗にいう「米の関税率は778％」というのは2005年のWTO交渉当時の米の国際相場から換算した、あくまでも目安の数字。バスマティのような海外でも高価なブランド米であっても、外国の普段使いの米でも1kgあたりに同じ関税がかかるのであるから、高い米ほど関税の占める割合はずっと低くなる。

チキンビリヤニ
chicken biryani

大阪ハラールレストラン（大阪・西淀川区）

「ビリヤニ」とは肉や魚介、野菜などと共にスパイスを使って
煮たり蒸したりした炊き込みご飯のこと。
パキスタンやインドはもとより、その周辺諸国、東南アジア、中東など
広範なエリアにそれぞれ少しずつ異なった作り方が存在する。
その中でパキスタンは自国産のバスマティライス（長粒種）が不可欠で、
メインとなる素材は肉。マトンやビーフなどあるがもっともポピュラーなのはチキン。
「大阪ハラールレストラン」では丸鶏を使って仕込んでいる。

材料（約15人分）

- 丸鶏（約1.4kg）…3羽
- サラダ油…400ml
- タマネギ…3個
- ニンニク（ペースト）…200g
- ショウガ（ペースト）…200g
- クミンシード…大さじ1
- スパイスⒶ
  - レッドチリパウダー…大さじ3
  - ターメリック…大さじ1
  - コリアンダーパウダー…大さじ1
  - シナモン（2〜3cm）…4個
  - ブラウンカルダモン…4個
  - ベイリーフ…3枚
- 塩…大さじ2.5
- トマト（粗みじん切り）…大3個
- ビリヤニマサラ（パキスタン製スパイスミックス）…大さじ3
- バスマティライス（パキスタン産）…2kg
- ガラムマサラ…適量
- トッピング
  - トマト、レモン、ショウガ、シシトウまたはグリーンチリ、フライドオニオンなど

作り方

1. 丸鶏をさばく。1羽を6つに、合計12カットに分ける。
2. マサラグレイビーを作る。鍋にサラダ油を入れて温め、タマネギを炒める。
3. ブラウンになったらニンニクとショウガ、クミンシードを入れ3分ほど炒める。
4. スパイスⒶのすべてと塩を加える。
5. 3分ほどしたらトマトを入れる。
6. 鶏を加える。15分ほど煮て油が浮いてきたらビリヤニマサラを加え、塩味の確認をしたらグレイビーの出来上がり。
7. 米の準備をする。流水でさっと洗い15分ほど水に浸けたらザルに取る。
8. 米を炊く。大きな鍋にたっぷりの湯を沸かし、米を入れて軽く混ぜる。
9. 湯の色が変わり4分たったらご飯粒を手に取り固さをチェックする。⅔ほど火が通っていれば湯を捨て、ご飯をザルに戻す。
10. 空いた鍋に、マサラグレイビーの上面に浮いている油を軽く入れる。
11. ご飯の⅓を入れて平らに延ばしたらチキンを入れ、マサラグレイビー⅓をかける。
12. その上に再びご飯⅓を延ばして、チキンを入れ、マサラグレイビー⅓をかける。
13. もう一度同じ繰り返しをしてすべてを入れたらガラムマサラをふりかける。
14. 密閉率を上げるためにアルミホイルで包んだ蓋をして、その上に7〜8kgの重石をする。
15. 強火で7分、弱火で10分炊いたら重石をおろし蓋を開ける。
16. ヘラなどでご飯を潰さないように切るようにしてざっくりと混ぜる。さらに5分ほど蒸らす。
17. 器に降り、ショウガやフライドオニオンなど好みのトッピングをする。

ザルダ zarda
大阪ハラールレストラン（大阪・西淀川区）

バスマティライスを甘く炊いたもので結婚式などの祝い事では欠かせないデザート。
食後に食べるものだが、人によって量はまちまち。
たまにビリヤニに少しだけかけて食事として食べることもある。
いろいろな着色方法があるが、できればパキスタン産のサフランは入れたい。
特にめでたいときはスーパーシーラバスマティと呼ばれる（下写真の左）
通常のバスマティライスよりもさらに長い米を使用することもある。
この米は3時間以上水に浸けておくと倍の長さにまでなる。

材料（約20人分）

- ドライココナッツ（薄切り）…5cmサイズ 適量
- バスマティライス…1kg
- ミルク…500g
- サラダ油…300g
- 砂糖…1kg
- バター…100g
- アーモンド（皮なし）…適量
- カラーパウダー（黄色、赤色）…少々
- レーズン…適量
- サフラン…ひとつまみ

作り方

1. ドライココナッツを水に一晩浸けておく。翌日、包丁でスライスする。
2. 米を準備する。流水でさっと流したのち、15分ほど水に浸けていく。
3. たっぷりの湯でボイルして1/3ほど芯が残った状態でザルにとる。
4. 別の鍋にミルクを沸かし、油、砂糖、バターを加える。
5. ココナッツスライス2/3とアーモンドを加える。
6. ご飯を加えて混ぜながら2、3分煮る。
7. 密閉率を上げるためにアルミホイルで包んだ蓋をして、その上に7〜8kgの重石をする。
8. 最初の10分は強火で、後半は弱火で30分ほど炊いたら重石をはずし蓋を開ける。
9. 色をつける。カラーパウダー黄色を大きく1周、赤色を四方にかける。もし緑色が手に入れば大きく1周。
10. レーズンとサフランをのせて、ヘラなどで切るようにして混ぜ、5分ほど蒸らす。
11. 器に盛り、残りのココナッツスライスをあしらう。

ムルグビリヤニ murg biryani
スパイスマジック カルカッタ本店(東京・西葛西)

ビリヤニは具材と米を別々に調理した後、重ね蒸しにして仕上げる米料理。
ここではインド産の香りの高い長粒米バスマティを使い、
サフランで香味づけしたチキンビリヤニを紹介。
通常、温かいうちにサランソース（カレーソース）や
ライタ（ヨーグルトサラダ）とともに食べる。

材料（4人分）

- インド産バスマティ米…450g
- 骨付き鶏肉(8個にカット)…800g
- タマネギ(薄くスライスしたもの)…100g
- ミントの葉…10g
- コリアンダーの葉…10g
- プレーンヨーグルト…200g
- 牛乳…30ml
- サフラン…1つまみ
- ギー(インドバター)または油…100g
- 塩…小さじ1
- ホールガラムマサラ(ミックススパイス)
  - グリーンカルダモン…6個
  - クローブ…4個
  - 桂皮…2本またはシナモンスティック5cm
  - ローリエ(月桂樹の葉)…2枚
  - 黒コショウ(ホールを砕いたもの)
    …5個分
- クミンシード…小さじ1
- ショウガ(すりおろし)…15g
- ニンニク(すりおろし)…15g
- レッドチリパウダー…5g
- 水…1.5ℓ＋150ml

作り方

●米の下準備

1. バスマティ米は流水でよく洗って水切りした後、30分間水に浸けておく。
2. 鶏肉は洗って皮を取り除く。
3. タマネギは皮をむいて薄くスライスする。
4. ミントの葉とコリアンダーの葉は、洗って粗く刻む。
5. ヨーグルトはボウルに入れてホイッパーでよく混ぜ、なめらかなペースト状にする。
6. 温めた牛乳の中にサフランを入れ、戻しておく。

●鶏肉の下準備

7. 広口の深鍋もしくは厚手のフライパンに、ギーまたは油20gを入れて熱し、ホールガラムマサラの半量と、クミンシードの半量を加える。中火にしてクミンシードがはじけるまで炒める。
8. タマネギのスライス100gを**7**に加えてキツネ色になるまで炒め、うち20gを取り出しておく。
9. おろしショウガ、おろしニンニク、レッドチリパウダーを**8**に加え、15秒炒める。
10. 鶏肉を**9**に加え、2分炒める。
11. 火を止めて**5**のプレーンヨーグルトを加え、鶏肉にからめる。
12. **11**を涼しい場所に2時間置き、マリネする。

●米の調理

13. 別の広口の深鍋または厚手のフライパンにギーまたは油40gを入れ、ホールガラムマサラとクミンシードの残り半量を加え、スパイス類がパチパチとはじけてくるまで炒める。
14. **1**のバスマティ米の水を切り、**13**に加えて2分炒める。
15. 水1.5ℓを加え、沸騰させる。バスマティ米にほぼ火が通るまで、12〜15分加熱を続ける。
16. **15**をバットに取り出し、約2.5cmの厚さに広げ、粗熱を取る。グリーンカルダモンの皮、桂皮（またはシナモンスティック）、クローブ、ローリエを取り出す。

●鶏肉の調理

17. 別の広口の深鍋もしくは厚手のフライパンにギーまたは油20gを入れて熱する。
18. **12**の鶏肉をマリネ用のペーストごと**17**に加え、水150mlを入れ、全体をよく混ぜる。
19. 中火にし、鶏肉の約¾に火が通るまで、約15分加熱する。

●重ね蒸し

20. オーブンを180℃に温めておく。
21. 別の広口の深鍋（蓋つき）もしくは厚手のフライパン（蓋つき）の内側にギーまたは油の残り20gを塗る。
22. **19**の鶏肉の半量（4個）を鍋底に1層に並べる。
23. **22**の鶏肉が隠れるように、**16**のバスマティライスの半量を入れる。
24. 残りの鶏肉（4個）を**23**のバスマティライスの上にのせ、その上に残りのバスマティライスをのせて鶏肉が隠れるようにする。
25. **6**のサフラン入りミルクを**24**のライスの上からふりかける。
26. 深鍋もしくはフライパンの蓋をし、その上に重しをのせて蓋が開かないようにし、180℃に温めておいたオーブンに入れて10分加熱する。

●仕上げ

27. オーブンから出して蓋を開け、**4**のミントの葉とコリアンダーの葉、**8**で取り置いた炒めタマネギをトッピングする。
28. 銘々皿に鶏肉2個、ライス¼ずつ盛りつけるか、大皿に鍋の中と同様の層にして盛り、各自で取り分ける。

ハイデラバード・ダム・ビリヤニ
hydrabadi dum biriyani
野菜とスパイスのふんわり炊き込み風ご飯

ヴェジハーブサーガ（東京・御徒町）

ヴェジハーブサーガはヴェジタリアンの店なので、ビリヤニも具は野菜のみ。
各種スパイスとケウラウォーター（タコノキ属の花からとったエッセンス）、
さらにサフランとパプリカを浸けた牛乳が加わり、香り高く、見た目も美しい。
鍋にバスマティライスと野菜の具を重ねて詰め、タンドール窯で加熱するのが特徴で
タンドール窯と同じ径の鍋を使うことで、熱が鍋全体を包むようにして伝わる。

材料

- タマネギ(薄切り)…1個
- ホールスパイス
  - ベイリーフ…5枚
  - クローブ…5個
  - メースリーフ…ひとつかみ
  - シナモンスティック…2本
  - グリーンカルダモン…6個
  - ビッグカルダモン…3個
- ピーマン(せん切り)…適量
- ショウガ(せん切り)…適量
- グリーンチリ(細切り)…適量
- コリアンダーリーフ(きざむ)…適量
- ミント(きざむ)…適量
- ニンジン(菱型切り)…½本
- ジャガイモ(菱型切り)…2個
- ニンニク(ペースト)…大さじ1
- ヨーグルト…400ml
- カリフラワー…適量
- グリーンピース…適量
- インゲン…8～10本
- パウダースパイス
  - ターメリック…小さじ1
  - パプリカ…小さじ1
  - コリアンダー…小さじ3
  - クミン…小さじ1
- 塩…適量
- バスマティライス
  - ケウラウォーター…少々
  - レモン汁…少々
  - 生クリーム…適量
- ギー…適量
- ビリヤニマサラ…適量
- ミント…適量
- コリアンダーリーフ…適量
- レーズン…適量
- カシューナッツ…適量
- サフランミルク…少々
- パプリカミルク…少々

作り方

1. スライスしたタマネギをやや多めのサラダ油で炒める。ホールスパイスを加える。
2. グリーンチリ、ピーマン、ショウガ、コリアンダーリーフ、ミントを加える。
3. ニンジン、ジャガイモを加える。油の中で煮るように炒める。
4. すりおろしたニンニクを加える。
5. ヨーグルトを半量加える。下ゆでして小房に分けたカリフラワーと、やはり下ゆでして短くきざんだインゲンを加える。
6. パウダースパイスと塩を加える。
7. グリーンピースを加えてしばらく煮る。
8. 残りのヨーグルトを加える。
9. 大鍋に湯を沸かしてザルを入れ、バスマティライスを入れてゆでる。ザルごとひきあげて水気をきり、ケウラウォーター、レモン汁をふる。
10. 鍋の底に生クリームとギーを入れる。**8**の野菜を入れ、続いて**9**のバスマティライスを入れる。
11. ビリヤニマサラ、きざんだミントとコリアンダーリーフ、レーズン、カシューナッツを加える。
12. 塩、サフランミルク(サフランを浸しておいた牛乳)、パプリカミルク(パプリカを浸しておいた牛乳)、生クリームを加える。
13. 再び**10**の要領で野菜とバスマティライスを入れる。
14. 鍋から蒸気が逃げないように縁にアルミホイルを巻く。蓋をして、180℃のタンドール窯にぴったりとはめる。この状態で10分間加熱する **A**。

イドゥリ idli
スパイスマジック
カルカッタ本店（東京・西葛西）

主に南インドで主食として食べられている、米と豆を使った蒸しパン風の料理。
水に浸けて柔らかくした米とレンズ豆を粗く挽いて合わせたペーストを、
豆についている酵母菌で発酵させた後、型に入れて蒸し上げる。
温かいうちにサンバルやココナッツチャツネ、
ミラガイ・ポディ(チャツネパウダー)などとともに食べる。

材料 (16個分)

米…350g
レンズ豆…150g
水…200ml
塩…小さじ1
ココナッツオイル…大さじ1

作り方

1 米を研ぎ、レンズ豆もよく洗い、それぞれ水に6時間浸けておく。

2 6時間後、1の米の水を切ってミキサーに入れ、水100mlを少しずつ足しながら粗めのペースト状に挽く。レンズ豆も同様に、水を切り、水100mlを少しずつ足しながらミキサーで挽き、粗めのペーストにする。

3 2の米と豆のペーストを大きめの容器に入れて合わせ、塩を加え、蓋をして温かい場所に8時間置き、豆についている酵母菌で発酵させる(発酵により生地が膨らむので、大きめの容器を使う。気温が低いときは重曹をひとつまみ加えて発酵を促進させる)。

4 8時間後、3のペーストをホイッパーで2〜3分よくかき混ぜる。生地が固ければ水を足し、イドゥリ用の型に流し入れられる濃度に調整する。

5 イドゥリ用の型にココナッツオイルを塗り、濡らしたガーゼを敷き、くぼみの部分にガーゼの上から4のイドゥリ生地をレードルで流し入れる。

6 あらかじめ加熱しておいた蒸し器に5を入れ、10〜15分蒸す。竹串等を刺してみて、生地が串についてこなければ蒸し上がり **A**。

7 蒸し器から型ごと取り出して2〜3分冷まし、ガーゼを引き上げてイドゥリを型から外す。

エッグホッパー
egg hopper
キャンディ（東京・日本橋）

ホッパーは専用の鍋で1枚ずつ薄く焼き上げる、お椀型のクレープのような主食系の料理。
生地は米粉、ココナッツミルク、ドライイーストなどを合わせたもので、
イースト菌の働きにより細かい気泡ができる。
焼くと多数のハチの巣状のくぼみとなり、独特の食感が生まれる。
エッグホッパーは、お椀型の形状を生かし、底の部分に卵を割り入れて焼き上げたもの。

材料

- 米粉…500g
- 塩…小さじ½
- 砂糖…小さじ1
- ドライイースト…小さじ½
- 水…800ml
- ココナッツミルク（濃いめ）…200ml
- ゴマ油…少々
- 卵…1個
- 塩…少々
- 黒コショウ（パウダー）…少々

作り方

1. 米粉、砂糖、塩、ドライイースト、水を合わせて生地を作り、1時間30分ほど室温で置き、発酵させる。初めてホッパーの生地を作るときはドライイーストを入れるが、前日から残った生地があれば、その生地を種として使えるので、ドライイーストは不要。
2. 1にココナッツミルクを加え、生地ができ上がる。
3. 専用鍋を軽く熱し、耳のそばに近づけて適温かどうかを確認する A 。
4. 鍋全体にゴマ油を薄く塗り、2の生地を入れる B 。
5. 鍋を回して鍋肌に生地を流し、薄く、お椀型に焼き上がるようにする。すぐに卵を割り入れる。
6. 蓋をして中の蒸気が逃げないようにしながら、中火で焼く。焼いている間はできるだけ蓋を開けないようにしながら、生地の縁がこんがりと色づき卵が半熟になるまで焼く。
7. 焼き上がったら専用コテで縁からはがし C 、卵の上に塩と黒コショウをふって、皿に盛る。生地をちぎって、半熟状の玉子につけながら食べてもいい。

A

B

C

ココナッツロティ
coconut roti
キャンディ（東京・日本橋）

強力粉を使った生地に、ココナッツファインなどを練り込み、
フライパンで両面をこんがりと焼いたもの。カレーやサンボーラとともに食べる。
写真はトマトベースの辛味と酸味のあるソース、カッタ・サンボーラで
カッタ（KATTA）とはスリランカの言葉でスパイシーの意。

材料 (120g生地×8枚分)

- 小麦粉（強力粉）…500g
- ココナッツファイン…200g
- 赤タマネギ…50g
- グリーンチリ…2～3本
- カレーリーフ…5g
- ココナッツオイル…10g
- 塩…5g
- 水…150ml

○カッタ・サンボーラ
- 赤タマネギ…100g
- トマト…50g
- レッドチリパウダー…25g
- ライムの搾り汁…小さじ2
- 塩…6g

作り方

1. 小麦粉（強力粉）、ココナッツファイン、ココナッツオイル、赤タマネギ、グリーンチリ、カレーリーフ、塩、水をよく混ぜ合わせ、15分ほど置く。
2. 1の生地を120g×8個に分けて丸めておく A。
3. ツーオーダーから2の生地を手のひらを使って丸く、薄く広げる B。
4. フライパンを温め、生地の両面をこんがりと弱火で焼く C。ロティ1枚の大きさは、好みで増減するといい。普通のフライパンを使用する際は、薄くココナッツオイルを敷いて焼くが、テフロン加工のフライパンであれば、生地の中にココナッツオイルが入っているため、油を敷かずに焼ける。

○カッタ・サンボーラ
1. 左記の材料を混ぜ合わせる。

メープルナン
maple naan
Spice of Life（大阪・箕面）

炭を中央に入れたタンドール窯の壁に貼りつけて焼くナン。
ナンの片面に粒の大きなメープルシュガーを埋め込んで、
香ばしく甘みのある焼き上がりとする。

材料（10〜12枚分）

生地Ⓐ
　小麦粉
　　薄力粉…500g
　　強力粉…500g
生地Ⓑ
　牛乳…250mℓ
　卵…1個
　砂糖…1カップ
　塩…大さじ1
　重曹…大さじ1
　ベーキングパウダー…大さじ½
　水…400mℓ
サラダ油（取り分けるためのもの）…適量
メープルシュガー（顆粒状）…適量
小麦粉の残り（打ち粉用）…適量
バター…適量

作り方

●下準備
1. ボウルに生地Ⓑのすべてを入れてよく混ぜ合わせる。
2. 生地Ⓐを加えて混ぜる。まとまってきたら体重をかけてこねる。固いときは水を少し加える（子供のほっぺたくらいの柔らかさ）。
3. 山ができ上がったらラップをして30分ほど寝かせる。
4. 適量の油を手に塗り、ちぎってまとめる。10個から12個の玉（1玉約150g）にする。
5. 30分以上寝かせるⒶ。

●作り方
6. 台の上に打ち粉を少しふっておく。生地を平らに延ばす。
7. 粉のついていない面にメープルシュガー（1枚に大さじ2くらい）を押し付けるⒷ。
8. 手の平にのせて生地全体を軽く引っ張る。
9. タンドールの壁に貼り付けて焼く。
10. ふんわりと焼きあがったら二本のシークを使って壁からはがして取り出しⒸ、バターを塗る。

インド風カッテージチーズのパニールを
使ったナンはもともとインドにあるが、
同店ではとろけるチーズを包み込んだ
オリジナルのチーズナンを2010年ごろに開発。
ナポリピッツァを彷彿とさせる
生地の香ばしさとなめらかなチーズが
よく合い、人気商品となっている。

チーズナン　cheese naan
スパイスマジック　カルカッタ本店（東京・西葛西）

材料 (5個分)

- 精製された小麦粉（マイダ）…450g
- ベーキングパウダー…小さじ¾
- 塩…約小さじ½
- 砂糖…小さじ1
- 牛乳（加温したもの）…50mℓ
- プレーンヨーグルト（軽く泡立てたもの）…150mℓ
- 卵（軽く泡立てたもの）…1個
- ぬるま湯…100mℓ
- 油…大さじ3＋大さじ1（オーブンのトレイに塗るもの）
- チーズ（ナチュラルまたはモッツァレラ）…300g（60g×5個分）
- 溶かしバター…適量
- パセリ（みじん切り）…小さじ⅝（小さじ⅛×5個分）
- ハチミツ…小さじ5（小さじ1×5個分）
- シナモンパウダー…小さじ⅝（小さじ⅛×5個分）

作り方

1. 小麦粉、ベーキングパウダー、塩を、生地を練る調理台の上にふるうか、ボウルにふるい入れ、中央にくぼみを作る。
2. くぼみの中に砂糖、牛乳、ヨーグルト、卵、ぬるま湯を入れる。
3. 全体を合わせて練り、柔らかめの生地にまとめる。
4. ボウルに油を塗り、**3**の生地を入れる。残りの油を生地の表面に均一に塗る。
5. **4**の生地に濡れふきんまたはラップをかぶせ、約2時間、生地が2倍に膨らむまで寝かせる。
6. チーズを刻むか、おろしておく。
7. 約2時間たったら**5**の生地を取り出す。
8. 生地を優しく2分間練る。
9. 生地を5等分し、濡れふきんまたはラップをかけておく。
10. 生地をひとつ取り出し、手のひらの上に広げ、**6**で刻んだ（またはおろした）チーズ60gをのせ、生地を伸ばしてチーズを包み込む**A**。
11. 調理台に小麦粉で打ち粉をする。
12. チーズを包んだ**11**の生地を調理台にのせ、麺棒を転がしたり手でたたいたりしながら、直径約10～13cmの平たく丸い形に成形する**B**。
13. 炭を入れて300℃強になったタンドール窯で2分間焼く**C**。
    ＊オーブンで焼く場合は、250℃に熱しておいた天板を取り出し、油を塗り、**12**で成形したナンをのせ、250℃で3分焼く。
14. ナンが膨らみ、表面のところどころに焦げ目がつく。
15. ナンを取り出し、皿にのせる。ナンの表面に溶かしバターを刷毛で塗り、パセリのみじん切り小さじ⅛をふる。さらにハチミツ小さじ1をふりかけ、その上にシナモンパウダー小さじ⅛をふる。

ピットゥ pittu ＊仕上がりは100頁参照
スパイシーレストラン アチャラ・ナータ（東京・中野）

スリランカの赤米の粉とココナッツファインを混ぜ、
専用の蒸し器に詰めて蒸し上げたもの。
フワッ、ホロッとした食感とココナッツの香りが特徴。
蒸すときにほどよく蒸気が通る大きさのそぼろ状にすることがポイントで、
細か過ぎると詰まってしまい、大き過ぎると芯が蒸されないことになってしまう。
また、「アチャラ・ナータ」では真ん中辺りにココナッツファインのみの
白い層を入れ、見ためよく、2人で分けやすくしている。

材料（2人分）

赤米の粉…70g
ココナッツファイン…40g
塩…ひとつまみ
水…100mℓ

作り方

1 赤米の粉と、ココナッツファイン、塩をボールに入れる **A**。
2 全体を混ぜ合わせ、水を少しずつ加えながら指先で混ぜていく **B**。
3 大きめのそぼろ状になったら、専用の蒸し器に詰める。まず底にココナッツファインのみ、次に2の半分を詰める **C**。真ん中辺りにココナッツファインのみを入れ、さらに2の残り半分、最上部にココナッツファインを詰める。
4 蒸し器の下部に湯を入れ、上に3をセットし、10〜15分ほど蒸す **D**。
5 蒸し上がったら、ところてんを突くような要領で、下部を押して中身を皿の上に出す **E**。

2
世界のカレー

今や居ながらにして世界中の本格的な料理が食べられる国、それが日本。アジア各国の料理店の特色あるカレーを紹介します。お決まりのメニューには飽き足らず、地方色の強い料理が求められつつあるようです。

南インド料理

エビのワルタルチャ
chemmeen varutharacha

ナンタラ　NANTALA（大阪・都島）

ワルタルチャとはインド・ケララの言語マラヤーラム語で、ワルタはロースト（炒める）、
アルチャはグラインディング（磨り潰す）という意味。
ココナッツスレッドをじっくりとローストし香ばしくなったところで
スパイスと共にペーストにする。
これを野菜と共に煮て最終的にビーフやチキン、魚などとあわせる
ケララではポピュラーなカレーである。「ナンタラ」ではブラックタイガーを使用している。

材料

下準備（15人分）
- ココナッツスレッド（ロングともいう）…500g
- スパイスⒶ
  - レッドチリホール…12本
  - カレーリーフ…6枚
  - ターメリック…小さじ1
  - コリアンダーパウダー…小さじ2
  - 水…1〜1.5ℓ

調理（2人分）
- ココナッツオイル…大さじ2
- スパイスⒷ
  - フェンネル…小さじ½
  - ニンニク（細切り）…小さじ1.5
  - ショウガ（細切り）…小さじ1
  - シシトウまたはグリーンチリ（斜め切り）…2本
- タマネギ（薄切り）…½個
- スパイスⓒ
  - ターメリック小さじ…½
  - レッドチリパウダー小さじ…½
  - コリアンダーパウダー…小さじ1
  - ガラムマサラ小さじ…½
- トマト（ぶつ切り）…½個
- ブラックタイガー…大6尾
- レモン汁…小さじ1
- 塩…少々
- ターメリック…少々
- テンパリング
  - ココナッツオイル…大さじ1
  - タマネギ（みじん切り）…大さじ1.5
  - カレーリーフ…8枚
  - ターメリック…少々
  - レッドチリパウダー…少々

作り方

●下準備
1. フライパンでココナッツスレッドが色づくまで煎る**A**。
2. スパイスⒶを加え5分ほどしたら火を止め少し冷ます**B**。
3. 2を水と共にミキサーにかけペーストにする**C**。

●調理
4. 鍋にココナッツオイルを入れ、スパイスⒷのすべてを加えて火にかける**D**。
5. タマネギを加えてしんなりとなったらスパイスⓒを加える**E**。
6. トマトを加える。
7. 3のココナッツペースト400㎖を6の中に加えて混ぜる。水分が足らない場合はここで適量を加える**F**。
8. エビの下処理をする。皮をむき、背中の中央部分に刃を入れて背わたを取り、レモン汁、塩、ターメリックをふって軽く混ぜる。5分ほどしたら流水で洗う**G**。
9. 7に8のエビを加えて5分ほど煮る**H**。
10. テンパリングをする。別のフライパンにココナッツオイルを入れて熱し、タマネギを茶褐色になるまで炒める。
11. カレーリーフを入れ、香りが立ったらチリとターメリックを加えて**I**、10のカレーへ入れてざっくりと混ぜる**J**。

魚のムラグシャム
meen mulakushyam

「ムラグはチリという意味。辛くて酸っぱいカレーね」とケララ出身のシェフ、ジョニーさん。酸味の正体は「コダンプリ」というドライフルーツで、アーユルヴェーダでも使われ、別名マラバル・タマリンド、フィッシュ・タマリンドといわれるほどケララのシーフード料理には欠かせないもの。なければタマリンドで代用可。メイン素材は野菜や魚介類など多様だが、今回は日本でよく獲れるハマチを使用。

材料 (2人分)

- ハマチ…4切れ
  - *関西では60cm級のブリをハマチと呼ぶ。関東のイナダ
- レモン汁…小さじ1
- 塩…少々
- ターメリック…少々
- ココナッツオイル…大さじ4
- フェヌグリーク…小さじ1/3
- タマネギ(薄切り)…1/2個
- ニンニク(千切り)…大さじ1.5
- ショウガ(千切り)…大さじ1
- トマト(ぶつ切り)…1/2個
- シシトウまたはグリーンチリ(斜め切り)…大さじ1
- カレーリーフ…10枚
- 塩…小さじ1
- パウダースパイス
  - ターメリック…小さじ1
  - コリアンダーパウダー…大さじ1
  - レッドチリパウダー…小さじ1～2(好み量)
  - 黒コショウ…小さじ1/3
- 水…400ml
- コダンプリ(水に浸けておく)…5～6個
- テンパリング
  - ココナッツオイル…大さじ1
  - タマネギ(みじん切り)…大さじ1.5
  - カレーリーフ…8枚
  - ターメリック…少々
  - レッドチリパウダー…少々

作り方

1. ハマチをさばく。頭を切り落とし、内臓を指で抜き取る。流水で洗う **A**。
2. 2cm幅くらいにぶつ切りする。さらに二つに切る。
3. レモン汁、塩、ターメリックをふり、5分ほど置いたら再び流水で洗い、水気を切る **B**。
4. 鍋にココナッツオイル大さじ2とフェヌグリークを入れ火にかけ、香りがオイルに移ったらいったん火を止める **C**。
5. タマネギ、ニンニク、ショウガ、カレーリーフ、シシトウ、トマトを加える **D**。
6. スパイスのすべて(カレーリーフは半分のみ)と塩を加えたら手で混ぜる **E**。
7. 再び強火にかけ、水、コダンプリを加えて混ぜる。
8. 5分ほど煮たら**3**のハマチを加える **F**。
9. テンパリングをする。別のフライパンにココナッツオイルを入れて熱し、タマネギを茶褐色になるまで炒める。
10. カレーリーフを加え、香りが立ったらチリとターメリックを加えて、**8**のカレーへ入れてざっくりと混ぜる **G**。

南インド料理

マラバール フィッシュ マサラ
malabar fish masara

コチン ニヴァース　Cochin Nivas（東京・西新宿）

インド洋に面する南インドのエリアでは、肉だけではなく、魚のマサラも多い。
こうした魚のマサラは煮込み時間が短いので、
あらかじめ野菜を刻んでおけば、ツーオーダーでできたてを提供できる。
欠かせない香辛料としては青唐辛子、ショウガ、カレーリーフ。
カレーリーフは生が理想的で沖縄産などが出回っており、入手しづらい場合はドライを使う。
また、今回はカジキを使ったが、アジなどの青魚でもおいしくできる。

材料 (4人分)

- カジキ(薄切り)…16枚
- 塩…ひとつまみ
- レッドチリパウダー…2g
- ターメリックパウダー…4g
- レモン汁…5mℓ
- ショウガ(大きめのもの)…½片
- グリーンチリ…2～3本
- タマネギ…½個
- トマト…½個
- サラダ油…30mℓ
- マスタードシード…2g
- カレーリーフ…10枚
- レッドチリパウダー…2g
- ターメリックパウダー…4g
- コリアンダーパウダー…10g
- 水…250mℓ
- 塩…適量
- レモン汁…10mℓ
- サラダ油…適量
- カレーリーフ(飾り用)…2～3枚
- サフランライス…適量

作り方

1. カジキは血合いを落とし、厚さ1cm、5cm四方に切り分ける。水で洗ってから水分を拭き取ってボウルに入れ、塩、レッドチリパウダー、ターメリックパウダー、レモン汁で最低5分間マリネする**A**。
2. 野菜類を切る。ショウガはせん切り、グリーンチリは半分に切る。タマネギは小さめの角切りにし、トマトはヘタを取って皮付きのまま大きめの角切りにする。
3. フライパンにサラダ油を注いで熱し、油が熱くなったらマスタードシードを入れる。少し香りが出てきたら、さらに**2**のショウガとグリーンチリ、カレーリーフを加えて中火で熱する**B**。
4. 軽く炒めたら強火にし、**2**のタマネギを加えて、軽く焼き色がつくまで炒める。
5. **2**のトマトを加えて強火で炒める**C**。
6. レッドチリパウダー、ターメリックパウダー、コリアンダーパウダーを加え、香りが立ったら水を加える。さらに塩とレモン汁を加え、中から弱火の火加減で、⅔量程度になるまで煮続ける**D**。
7. 別のフライパンにサラダ油を入れて熱し、**1**のカジキを入れて強火で1～2分間焼き、裏返してまた1分間焼く**E**。
8. **6**に**7**の魚を入れて、弱火で2～3分間煮て完成**F**。
9. 皿に盛りつけてカレーリーフを散らし、サフランライスなどのご飯を添えて提供する。

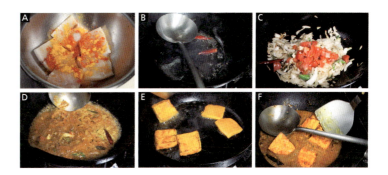

2 世界のカレー

コチン ニヴァース（東京・西新宿）

マトンペッパーマサラ
mutton pepper masala

南インドには長時間煮込むタイプのマサラやカレーが少なく、
また「できるだけ作り立てを提供したい」という思いもあり、
「コチン ニヴァース」ではツーオーダーを心がけている。
しかし、マトンペッパーマサラの場合は下準備に時間がかかるので、
マトンの煮込みだけをあらかじめ仕込み、
オーダーが入ったら、刻んでおいた野菜類と炒め合わせて提供する。

材料

ベース・マトンの煮込み（4人分）
- マトン（骨なしモモ肉）…1kg
- タマネギ…250g
- トマト…200g
- サラダ油…150ml
- スパイス類
  - カルダモン…2g
  - シナモン（パウダー）…2g
  - クローブ…2g
  - フェンネルシード…3g
  - ベイリーフ…2枚
  - カレーリーフ…10枚
  - ショウガ（ペースト）…大さじ2
- ニンニク（ペースト）…大さじ2
- レッドチリパウダー…10g
- ターメリックパウダー…10g
- コリアンダー（パウダー）…20g
- 水…適量

マトンペッパーマサラ（1人分）
- サラダ油…30ml
- グリーンチリ…2本
- ショウガ…½片
- カレーリーフ…5枚
- タマネギ…¼個
- トマト…¼個
- マトンの煮込み…100g
- 塩…適量（ひとつまみ）
- レッドチリパウダー…適量（ひとつまみ）
- 黒コショウパウダー…20g
- レモン（くし型をさらに横半分に切る）…1片

○ **サフランライス**（5～6人分）
- バスマティライス…3カップ
- 水…600ml
- スパイス類（ホール）
  - シナモン…2枝
  - カルダモン…3粒
  - クローブ…10粒
  - クミン…小さじ1
  - サフラン…ひとつまみ
- 塩…小さじ½
- サラダ油…30ml

作り方

1. マトンの煮込みを仕込む。マトンは余分な脂を取り除いて水で洗い、水気を拭き取っておく。
2. タマネギを角切りにし、トマトはヘタを取って角切りにする。
3. 鍋にサラダ油とスパイス類を入れて熱し、香りが立ったら**2**のタマネギを入れて強火で炒める。
4. 軽い焼き色がついたら、ショウガとニンニクを加えてさらに炒め、香りが出てきたら**2**のトマトを加えて軽く煮る。
5. レッドチリパウダー、ターメリックパウダー、コリアンダーパウダーを加えて煮る。表面に油が浮いてきたら、**1**のマトンを入れて混ぜる。
6. 5分間煮る。材料がかぶるくらいの水を加えて蓋をし、マトンが柔らかくなるまで約40分間、弱火で煮る。
7. 粗熱を取って容器に入れ、冷蔵保存しておく。

● **仕上げ**

8. オーダーが入ったら、フライパンに油を熱し、半分に切ったグリーンチリ、せん切りのショウガ、カレーリーフ、角切りのタマネギを加える。タマネギに軽い焼き色がつくまで炒める **A**。
9. ヘタを取って、皮付きのまま角切りにしたトマトを加えてさらに強火で炒める **B**。
10. マトンの煮込みを加えて軽く炒める。さらに塩、レッドチリパウダー、黒コショウパウダーを加えて強火で炒め、香りが出たら完成 **C**。
11. レモンのくし型切りを添える。サフランライスなどのご飯、もしくはチャパティを添えて提供する。

○ **サフランライス**

1. バスマティライスを水で洗い、水気を切って水（分量外）で30～40分間浸水する。
2. スパイス類と塩、サラダ油と分量の水を加えて炊飯器で炊く。

北インド料理

ラジャスタニ・ターリ
rajasthani "Rajwada" thali

ヴェジハーブサーガ
vege herb saga（東京・御徒町）

1. ガッタカリー
2. バーティ
3. ジーラライス
4. ライタ
5. チュルマ
6. ダール
7. マターパニール
8. アチャール
9. パパド

インド北西部のラジャスタン地方のターリ。
イギリス統治時代も多くの藩王国があった地域らしい、贅沢にギーを使った料理が多く、
全粒粉から作るバーティは、崩してダールを多めにかけて食べる。
またガッタカリーは肉の代わりにベスン豆の粉で作る「ガッタ」を具としたもの。
ガッタは崩れにくいように揚げているが、ただゆでるだけでもよい。

ヴェジハーブサーガ（東京・御徒町）

ガッタカリー gatta curry 1

材料

ガッタ
ホールスパイス
　クミンシード…大さじ1
　フェンネルシード…大さじ1
　コリアンダー…大さじ3
乾燥ザクロ…小さじ0.5
レッドチリパウダー…小さじ1.5
コリアンダー…小さじ1.5
アジョワンシード…小さじ0.5
重曹…小さじ0.5
塩…少々
ヒング…少々
黒コショウパウダー…大さじ1
カスリメティ…½カップ
ベイスン粉（ヒヨコマメの粉）…1kg
ギー…適量
ヨーグルト…400g

カレー
タマネギ…適量
ショウガ…適量
グリーンチリ…適量
スパイス
　コリアンダー…適量
　クミン…適量
　ガラムマサラ…適量
　レッドチリパウダー…適量
　カスリメティ…適量
塩…適量
ヨーグルト…適量
水…適量

作り方

●下準備
1 ガッタを作る。ホールスパイスを金属の搗き臼で粗くつぶす。その他のスパイス類と塩、重曹、ヒングとともに、ボウルに入れたベイスン粉と合わせ、水を加える。
2 の生地をはりつかないようにギーをぬった手でよく練る。ヨーグルト、ギーを加える。
3 ボウルから取り出して棒状にまとめて8つに分割する。それぞれを転がして、直径3cm、長さ30cmくらいの長い棒状にまとめる。
4 湯を沸かした鍋に入れて、ボイルする。
5 多めの低温の油でゆっくりと揚げる。

●調理
6 タマネギ、ショウガ、グリーンチリを炒める。
7 スパイスを入れる。
8 塩、ヨーグルト、水を加えて煮る。
9 でき上がったカレーに、**5**のガッタをちぎって加える。

バーティ Bati 2

材料 (6個分)

ギー…適量
全粒粉…適量
アジョワンシード…適量
塩…適量
水…適量

作り方

1. 材料をすべて合わせてよく練る。6分割して丸める。
2. 220℃のオーブントースターで約15分間焼く。

ジーラ・ライス jeera rice 3

材料

クミン…適量
サラダ油…適量
塩…適量
バスマティライス…適量

作り方

1. 大鍋に湯を沸かしてザルを入れ、バスマティライスを入れてゆでる。
2. フライパンにサラダ油を入れてクミンシードを熱し、香りが立ったら、バスマティライスを入れる。
3. フライパンをあおりながら炒める。
4. 型に詰めて、皿の中央に盛る。

西インド料理
グジャラティ・ターリー
gujarati thali

カジャナ KHAZANA（大阪・西中島）

インド最西部のグジャラート州は宗教色が濃い地域で、マハトマ・ガンジーの生誕地、
禁欲主義のジャイナ教の聖地、またインド唯一の禁酒州である。
その影響もあり菜食主義者が多く、豆や野菜の調理法や味が多彩。
豆の粉を麺にしたセゥ、小麦全粒粉やセモリナ粉で作る蒸しパンのような
ムティアなどを使ったカレーも多い。主食のチャパティは直径10センチほどと小さく何枚も食べる。
「カジャナ」ではラタ・デーヴさんの手料理による家庭スタイルのターリーを提供している。

セゥ・トマト・サブジ 1

材料 （約3人分）

セゥの材料
- ベスン粉（ヒヨコマメの粉）…2カップ
- ターメリック…小さじ1/3
- レッドチリパウダー…少々
- ヒング…少々
- アジョワンシード…ひとつまみ
- 塩…ひとつまみ
- 水…100ml〜
- サラダ油…大さじ1
- フライ用の油…適量

カレーの材料
- クミンシード…小さじ1
- ピーマン（細切り）…1個
- トマト（ぶつ切り）…2個
- ショウガ（あらみじん切り）…小さじ1
- パウダースパイス
  - ターメリック…小さじ1
  - クミンパウダー…小さじ1
  - コリアンダーパウダー…小さじ1
  - レッドチリパウダー…少々
- 塩小さじ…2/3
- 水…50ml〜
- サラダ油…大さじ2

作り方

1. セゥの生地を作る。材料をすべてボウルに入れて耳たぶくらいの固さになるまでこねる。まとまったらしばらく置く A。
2. セゥメーカーの内側に油を塗ってから生地を詰め、麺を中温で熱しておいた油で揚げる B。
   * セゥメーカーにはいくつもの形状の板を差し替えて麺の太さを変えることが出来るが、今回はやや太めの穴が開いたものを使用。
3. こんがりと揚がったら取り出しておく。
4. カレーを作る。フライパンに油とクミンシードを入れ、火にかける。
   * クミンシードを使う際、必ず両方の手の平で擦るようにしてから油に投入する。シードの髭を取るのと、香りがよくなるという。
5. クミンシードから細かい泡が出てきたらピーマンとショウガ、トマトを加えて炒める C。
6. パウダースパイス、塩を加える。
7. 水を好みの量だけ加えてよく混ぜ、数分間煮る。
8. セゥを両手分ほどつかみ取り、好みの大きさに割ってから鍋に入れ、ざっとかき混ぜる D。

1. セゥ・トマト・サブジ
2. チリヤニ・サブジ
3. 冬瓜のムティア
4. マサラテプラ
5. カディ
6. キチュディ

チリヤニ・サブジ 2

材料 (6人分)

- ナス…4本
- クミンシード…小さじ1
- フェンネルシード…小さじ½
- ヒング…少々
- 赤パプリカ(細切り)…⅓個
- 黄パプリカ(細切り)…⅓個
- ピーマン(細切り)…1個
- ショウガ(粗みじん切り)…小さじ1
- ニンニク(おろす)…小さじ1
- シシトウまたはグリーンチリ(小口切り)
  …小さじ1
- トマトピューレ…(ホールトマトと水を各100g)200g
- パウダースパイス
  - クミンパウダー…小さじ1
  - コリアンダーパウダー…小さじ1
  - ガラムマサラ…小さじ¼
- グリーンピース(ボイル済み)…100g
- 塩…小さじ1
- サラダ油…大さじ2

作り方

1. ナスをぶつ切りにして水に浸ける。ザルにあげて水気を切っておく。
2. 鍋にサラダ油とクミンシードを入れ、火にかける。小さな泡が出始めたらフェンネルシード、ヒングも加える。
3. 赤と黄のパプリカ、ピーマン、ショウガ、シシトウ、ニンニクを入れる A。
4. トマトピューレを加えひと煮立ちさせたらナスを加えて炒める B。
5. パウダースパイスのすべてと塩を加える C。
6. スパイスが全体によく馴染んだら、グリーンピースを加え、火を止める。

冬瓜のムティア 3

材料

- トウガン…150g
- ターメリック…小さじ1
- クミンパウダー…小さじ½
- コリアンダーパウダー…小さじ1
- レッドチリパウダー…小さじ⅓
- 白ゴマ(プレーン)…小さじ1.5
- シシトウまたはグリーンチリ(小口切り)
  …大さじ3
- ニンニク(みじん切り)…小さじ1.5
- ショウガ(粗みじん切り)…小さじ1.5
- サラダ油…大さじ2
- 重曹…小さじ½
- 塩…小さじ1
- 砂糖…小さじ1
- サラダ油…大さじ2
- スージ(セモリナ粉)…200g
- テンパリング
  - サラダ油…大さじ2
  - 白ゴマ(プレーン)…大さじ1
  - ヒング…少々

作り方

1. ムティアを作る。冬瓜に材料のすべてを加えて混ぜる A。最後にスージを加えてこねる B。
2. 生地を直径3〜4cm、長さ15cmくらいの大きさの棒状にまとめ C、蒸し器に入れる。水滴を落とさないように蓋にタオルを巻いておく D。
3. 弱火で40分ほど蒸す。
4. ふっくらとなったら取り出し、食べやすい大きさに切る。
5. テンパリングする。フライパンに油を入れて白ゴマとヒングを加熱したらムティアにかけて出来上がり E。

＊仕上げのテンパリングはマスタードシードを入れるとなお香ばしさが増す。

マサラテプラ 4

材料

アタ(インドの全粒粉)…200g
スパイス
　白ゴマ(プレーン)…大さじ1
　アジョワンシード…小さじ1
　ターメリック…小さじ1
　クミンパウダー…小さじ1.5
　コリアンダーパウダー…小さじ1.5
　パプリカ…小さじ½
　レッドチリパウダー…小さじ⅓
塩…小さじ1
サラダ油…大さじ2〜3
水…150〜200mℓ

作り方

1. アタにスパイスのすべてと塩を加えてざっくりと混ぜる **A**。
2. サラダ油を加えてこね、さらに水を加えてこねる。
3. ラップをするなどして15分以上寝かせる。
4. 生地に油をぬり、延し棒などで直径10cmほどの大きさの綺麗な円形に延ばす **B**。
5. 熱したフライパンに薄く油を敷いてから焼く **C**。片面を2〜3分焼いたら反対側も同じようにして焼く。
　＊油っぽくしたくなければ、生地を延ばす際や焼く際に油を用いなくてもよい。

カディ 5

材料 (3人分)

ベース
　ヨーグルト…大さじ3
　ベスン(ヒヨコマメの粉)…大さじ1
　砂糖…小さじ2
　塩…小さじ¼
　水…300〜350mℓ
クミンシード…小さじ½
シシトウまたはグリーンチリ(小口切り)
　…大さじ1
ショウガ(粗みじん切り)…小さじ1
クローブホール(つまんで二つに折る)…10個
シナモンホール…5cm
ローリエ…½枚
ターメリック…小さじ⅓
サラダ油…大さじ1
フレッシュコリアンダーリーフ…適量

作り方

1. ボウルにすべてのベースの材料を入れてよく混ぜる **A**。
2. 鍋に油を入れて、クミンシードを加える。
3. 小さな泡が出始めたらシシトウ、ショウガを加え、弱火で30秒ほど炒める **B**。
4. ローリエとシナモン、クローブを加え炒める。
5. ターメリックを入れて軽く混ぜたら**1**のベースを加える。
6. 混ぜ合わせ、沸騰したら火を弱める **C**。しばらくして再び火を強め、沸騰させることと弱火で煮ることを3回繰り返したら火を止める。
7. 刻んだコリアンダーリーフを好みの量加える。

キチュディ 6

材料 (4〜5人分)

米…1カップ
グリーンムングダル(挽き割りタイプ)
　…½カップ
水…600mℓ
ターメリック…小さじ1
塩…小さじ1.5
ギー…大さじ1
スパイス
　クミンシード…小さじ1
　マスタードシード…小さじ½
　レッドチリホール…2本
　カレーリーフ…5枚
　シナモンホール…2cm
　クローブ…3個

作り方

1. 米とグリーンムングダルを軽く水洗いしたらザルにとる。
2. ボウルに入れ、水、ターメリック、塩を加えて15分ほど置いておく。
3. 鍋にギーを入れて火にかけ、スパイスすべてを入れて中火で1分ほど炒める。
4. **2**を加えてよく混ぜる。
5. 吹きこぼさないようにじっくりと煮込み、米の形がなくなる寸前くらいで火を止める。
　＊お粥と同じように、インド人もその時々の好みの固さにする。

インド家庭料理

パンジャビ アルゴビカレー
punjabi aloo gobi

シンズキッチン　Singh's Kitchen（大阪・日本橋）

ゴビ（カリフラワー）とアル（ジャガイモ）を使ったカレーは南アジア各地に存在するが、
インド北西部のパンジャブ地域では、クミン、コリアンダー、ベイリーフなどを多用し、
香りの高いガラムマサラなども好む傾向にある。
一般的にガラムマサラは肉料理によく使うものだが、
野菜料理でもバランスよく使うことで華やかな風味が薫りたつ。
オーナーシェフのシンさんは前半にホールガラムマサラ（ホールスパイスの配合）を、
後半にパウダーのガラムマサラを使い分けている。

材料 (2人分)

- カリフラワー(ぶつ切り)…1.5カップ
- ジャガイモ(ぶつ切りにしてボイル)…2個
- ターメリック…少々
- 塩…少々
- サラダ油…大さじ2
- ホールガラムマサラ
  - クミンシード…小さじ½
  - マスタードシード…小さじ½
  - クローブホール…4個
  - グリーンカルダモンホール(割る)…2個
  - シナモンホール…小2本
- タマネギ(粗みじん切り)…½個
- トマト(粗みじん切り)…1個
- ニンニク(おろし)…小さじ1
- ショウガ(おろし)…小さじ1
- パウダースパイス
  - ターメリック…小さじ1
  - レッドチリ…小さじ½
  - クミン…小さじ1
  - コリアンダーパウダー…小さじ1
  - ガラムマサラ…小さじ½
  - カスリメティ…小さじ1
- 塩…約小さじ2
- 水…300〜400㎖

作り方

1. ジャガイモをボイルする。熱湯にターメリック小さじ¼、塩小さじ½を入れ、5割熱が通ったところで取り上げる。フライパンに油大さじ1を入れて火にかけ、生のカリフラワーとボイルしたジャガイモを炒める。カリフラワーに少し焼きめがついたら別の容器に取り出しておく。
   ＊カリフラワーは一度火を通しておくと、後から煮る時に崩れにくい。
2. フライパンにさらに油大さじ1とホールガラムマサラを入れて火にかけ、小さな泡が出てきたらターメリックを入れる。
3. すぐにタマネギを加えて、ライトブラウンになるまで炒める。
4. ニンニクとショウガを加え、数分たったら、トマト、塩小さじ½を入れる。
5. 残りのパウダースパイスのすべてと水を加えて煮る。
6. 好みのとろみになる一歩手前でジャガイモとカリフラワーを入れる。
7. カスリメティを手の平でもみながら加える。
8. 塩で味をととのえ、シシトウ、コリアンダーリーフ、ショウガなどのトッピング（分量外）を加える。

パンジャビ ダルフライ
punjabi dal fry

ベジ、ノンベジを問わずに南アジア一帯で毎日のように食されるダルフライ。
使う豆の種類や作り方はさまざまだが、パンジャブ地域は
複数の香りの強いスパイスを多用するうえ、辛みも利かせることが多い。
またカレーやライスにギーを加える習慣もあり、他エリアのものと比べてコクも濃厚だ。
基本的には家庭料理だが、国民食といえるほど多くの人が好み、
どんな料理とも相性がいいこともあり、高級レストランでもよく見受けられる。

材料 (2人分)

トゥールダル(キマメ)…1カップ
ホールスパイス
　ベイリーフ…1枚
　クミンシード…小さじ½
　コリアンダーホール…小さじ¼
　マスタードシード…小さじ¼
　レッドチリホール…3本
バター…大さじ2
サラダ油…大さじ2
ニンニク(おろし)…小さじ½
トマト(みじん切り)…½個分
タマネギ(みじん切り)…大さじ4
水…400㎖
パウダースパイス
　ターメリック…小さじ¾
　ガラムマサラ…小さじ¾
　クミン…小さじ¾
　レッドチリ…小さじ¾
　カスリメティ…小さじ1
　ヒング…少々
塩…小さじ1強
ショウガ(みじん切り)…小さじ1
シシトウまたはコリアンダーリーフ…適量
ギー…好みの量(今回は大さじ1)

作り方

1. トゥールダルを水で洗い、3倍量の水に5分ほど浸けてから柔らかくなるまで煮る。鍋にバターとサラダ油を入れ火にかけ、ホールスパイスを加えて熱する。
　＊バターだけだと泡だってスパイスの様子が見づらいのと焦げやすいため、サラダ油を混ぜて使うことで防ぐ。
2. スパイスから小さな泡が出だしたら、タマネギ、トマト、ニンニクを炒める。
3. 水100㎖を加えて煮る。
4. パウダースパイスを入れてしばらくしたら、水300㎖を加える。
5. 煮立ってから、ダル、塩、カスリメティ、ヒングを入れる。
6. 火を止め、ショウガ、シシトウ、ギーを好みの量加える。

東インド料理

シェルシェ マーチ sharshe maach
魚のマスタードグレイビー

プージャー puja（東京・町屋）

両面を焼いた白身魚を青トウガラシの辛さを効かせた
マスタード風味のソースで軽く煮たインド・ベンガル地方の魚料理。
青トウガラシの爽やかな辛みがマスタードの風味と辛みに混ざり、独特の味わいを生む。
使う魚は「プージャー」ではスズキやマダイなどの白身魚を用いるが、
ベンガル地方ではナマズ、コイなどの川魚やニシンの類でも賄う。
魚は焼かずに生のままソースで軽く煮込むこともある。
カロジレ（ブラッククミン）はベンガル地方で多く使われるスパイス。

材料 (1人分)

イサキ…半身(110g～120g)
＊三枚におろしたもの
下味用
　塩…少々
　ターメリック…少々
パウダースパイス
　ターメリック…少々
　レッドチリパウダー…ごく少量
自家製ヨーグルト…10g
水…約150mℓ
マスタードオイル…25g
カロジレ(カロンジ)…少々
＊ブラッククミン
マスタードペースト…大さじ2
＊マスタードにグリーンチリと塩を加えてミキサーにかけたもの。
塩…適量
グリーンチリ…2～3本

作り方

1 イサキを三枚におろし、塩、ターメリックをふり、10分ほど寝かせて下味をつける。

2 パウダースパイス2種とヨーグルトを水に溶いておく。

3 フライパンにマスタードオイルを入れて高温で煙が出てくるくらいまで熱して香りを立たせ、フライパンを火から下ろして少し温度を下げてから、**1**のイサキを入れて両面を焼いて取り出す。

4 **3**のフライパンにカロジレ（ブラッククミン）、縦半分に切ったグリーンチリ1本分、**2**の水溶きしたパウダースパイスとヨーグルトを入れて強火で沸かし、マスタードペーストを加えて溶かす。

5 フライパンに**3**のイサキを戻し入れて火を通し、塩で味をととのえる。もし辛さが足りない場合は、縦半分に切ったグリーンチリ1本分を加える。

6 **5**のイサキをソースごと器に盛り、グリーンチリ1本をのせ、マスタードオイルをふりかける。

プージャー（東京・町屋）

コシャ マングショ
kasha mangsho

マトンのセミドライカレー

骨付きの羊肉をたっぷりのタマネギ、ショウガ、ニンニク、スパイスで煮込んだ
濃厚な味わいのカレー。砂糖を煮つめたほろ苦くて甘いカラメルを使っているのも
この料理の特徴の一つ。ギーは炒め用と仕上げの風味づけ用に2種類を使い分けている。
隠し味的に加えているヨーグルトは市販品ではなく、
煮つめた牛乳から作って濃厚な味にした自家製のものを使用。

材料 (ブージャーの仕込み量)

羊肉(骨付き)…1kg
下ゆで用ホールスパイス
　カルダモン…6個
　クローブ…6個
　シナモン(約2cm幅のもの)…2〜3片
　テージパタ(ベイリーフ)…3枚
マスタードオイル…150ml
砂糖…15g
ホールスパイス
　カルダモン…6個
　クローブ…6個
　シナモン(約2cm幅のもの)…2〜3片
　テージパタ(ベイリーフ)…3枚
パウダースパイス
　ターメリック…5g
　クミン…10g
　コリアンダー…5g
　レッドチリパウダー…5g
タマネギ(薄切り)…550g
ショウガ…60g
ニンニク…40g
塩…10g
自家製ヨーグルト…40g
トマトピューレ…70g
ギー…25〜30g

盛りつけ
　ベンガルギー…大さじ1
　ゴロムモシュラ(ガラムマサラ)…ひとつまみ(パウダーのカルダモン5g、クローブ15g、シナモン15gを軽くローストする)
　青トウガラシペースト…小さじ3

作り方

1 圧力鍋に湯を沸かし、羊肉、下ゆで用ホールスパイスを入れて蓋をロックし、強火で沸騰させたのち、弱火で16分間ゆでる。

2 羊肉を取り出し、ゆで汁のみを2/3ほどに煮つめておく。

3 フライパンにマスタードオイルを入れて熱し、煙が出てきたら、火からおろして少し温度を下げ、砂糖を入れて再度加熱してカラメル状態にする。

4 ホールスパイス、タマネギを加えて炒め、タマネギが少し色づいてきたらショウガとニンニクのペースト(一緒に少量の水とともにミキサーにかけておく)を加えて、木ベラでかき混ぜながら炒める。

5 香りが立ってきたら、パウダースパイス、塩を入れ、焦げないように水少量(分量外)を加えて炒める。ヨーグルトを加えてざっと混ぜ、トマトピューレ、ギーを加えて黒茶色になるまで炒め続ける。

6 2の羊肉とゆで汁を加え、水分を飛ばすように炒めてこげ茶色の状態にする。
　＊味をなじませたい場合は、この状態で1日寝かせる。

●仕上げ

7 6を人数分だけ取り分けて温め、仕上げにベンガルギーとゴロムモシュル(ガラムマサラ)、青トウガラシペーストを加え混ぜて器に盛る。

北インド料理

マター パニール mutar paneer
グリーンピースとカッテージチーズのカレー

スパイスマジック　カルカッタ本店（東京・西葛西）

グリーンピース（マター）と、インド風カッテージチーズ（パニール）を使ったカレーで乳製品は問題ないが、肉や魚を食べない菜食主義者にも提供できる一品。
提供前に、バターかギー小さじ1杯を香りづけに加えてもいい。
ナンやタンドリーロティ、パラタ、チャパティなどとともに食べる。

材料 (4人分)

- パニール…250g
- グリーンピース…150g
- タマネギ…大1個
- サラダ油…大さじ1
- 揚げ油（パニール用）…適量
- ニンニク（みじん切り）…小さじ2
- レッドチリパウダー…小さじ½
- コリアンダーパウダー…小さじ1
- ターメリックパウダー…小さじ¼
- ガラムマサラ（ミックススパイス）…小さじ¼
- ショウガ（みじん切り）…小さじ2
- カスリメティ…小さじ½
- 塩…約小さじ1
- トマト…中2個
- 生クリーム…大さじ1
- コリアンダーの葉（生）…2枝
- 水…250ml

作り方

1. グリーンピースはよく水洗いし、水を切っておく。
2. パニールは2cm角のサイコロ状に切る。
3. トマトは中程度の大きさに切る。
4. タマネギをみじん切りにする。
5. 生のコリアンダーの葉を枝から外し、粗めに刻んでおく。
6. 深めの鍋に揚げ油を入れて180℃に熱し、2のパニールを入れる。こんがりと色がつくまで約1分揚げ、油を切っておく。
7. フライパン（蓋付き）を中火にかけ、サラダ油を熱する。
8. 4のタマネギを入れ、色づき始めるまで4〜5分炒める。
9. ニンニクとショウガのみじん切りを加え、きつね色になるまでさらに1〜2分炒める。
10. レッドチリパウダー、コリアンダーパウダー、ターメリックパウダー、水15mlを加え、さらに1分炒める。
11. 3のトマトを加え、柔らかくなるまで4〜5分加熱し、全体をよく混ぜ合わせる。
12. 残りの水を加えて加熱し、沸騰したら中火にする。
13. 1のグリーンピースを加え、蓋をし、ときどきかき混ぜながら6分加熱する。
14. 6のパニールと塩を加え、さらに5〜7分加熱する。
15. フライパンの底に油が見えてきたら火を止める。
16. ガラムマサラと生クリームを加えてかき混ぜる。
17. 1人分ずつ小さな器に入れるか、取り分け用の大きな器に盛り、上から5のコリアンダーの葉を散らす。

ヒラン カ マアス
hiran ka maas

鹿肉のカレー

鹿肉を使った野性的なカレー。
増え過ぎて森林や農作物などに被害を及ぼす野生のシカを、
食肉として活用できないかという声を受け、同店でもときどき商品として登場する。
鹿肉はしっかり下ゆでして柔らかくし、スパイスで下味をつけることで、
食べやすいカレーに仕上げている。

材料 (4人分)

骨なし鹿肉(すね肉または肩肉)…450g
水…500mℓ(鹿肉の下ゆで用)＋50mℓ(調理用)
塩…適量
スパイスⒶ
　クミンパウダー…小さじ½
　コリアンダーパウダー…小さじ½
　レッドチリパウダー…小さじ¼
　ターメリックパウダー…小さじ¼
　ベイリーフパウダー…小さじ¼
　グリーンカルダモンパウダー…小さじ⅛
サラダ油…大さじ3
ベイリーフ…1枚
グリーンカルダモン(粒)…2粒
タマネギ…中6個
おろしショウガ…大さじ1
おろしニンニク…大さじ1
トマトペースト…大さじ1
グリーンチリ…1本
コリアンダーリーフ(生)…2枝

作り方

●鹿肉の下準備
1. 蓋付きのソースパンに水500mℓを入れ、加熱する。
2. 湯が沸くまでに、鹿肉を2cm角の角切りにする。
3. 沸騰したら**2**の鹿肉を入れて蓋をし、柔らかくなるまで10分ほど煮る。
4. 10分後、湯を切って鹿肉をボウルに移す。
5. 塩、スパイスⒶを**4**の鹿肉に加え、もみ込む。
6. フライパンにサラダ油大さじ1を入れ、加熱する。
7. スパイスをもみ込んでおいた**3**の鹿肉を加え、5分炒める。
8. 炒めた鹿肉をフライパンから取り出して置く。
9. タマネギはみじん切りにしておく。
10. コリアンダーの葉は粗く刻んでおく。

●調理
11. フライパンにサラダ油大さじ2を入れ、中火にかける。
12. ベイリーフとカルダモン(粒)を加え、1分炒める。
13. **9**のタマネギのみじん切り、おろしショウガ、おろしニンニクを加え、タマネギがこんがり色づくまで炒める。
14. トマトペーストを加え、鍋底に油が見えてくるまで約5分炒める。
15. **8**の鹿肉と水50mℓを加える。
16. 鹿肉にしっかり火が通るまで3〜5分炒める。
17. 器に盛り、グリーンチリと**10**のコリアンダーリーフをトッピングする。

パキスタン料理

ビーフハリーム beef haleem

大阪ハラールレストラン
OSAKA HALAL RESTRANT（大阪・西淀川区）

肉の形がなくなるまでとろとろに煮込まれたシチュウのようなカレー。
パキスタンの国民食で、特にめでたい時に好んで食べられる。
素材はチキンやマトン、内臓などいろいろだが最も贅沢なのはビーフ。
本国はもとより、インドのハイデラバードなど各国のムスリムタウンにも専門店が存在する。
料理そのものはシンプルながらもとにかく手間暇がかかることから、
その店や人の個性が際立つ料理といわれる。
『大阪ハラールレストラン』では最低でも6〜7時間をかけて仕込む。

材料 (20〜30人分)

- 牛肉(部位は混在。骨やスジは入れない)…2kg
- チャナダル(ヒヨコマメ)…1.5kg
- 水…チャナダルの約3倍
- ターメリック…小さじ2強
- 塩…大さじ1.5
- レッドチリパウダー…小さじ4(好み量)
- 小麦(ボイルしたもの)…約200g
- ニンニク(ペースト)…200g
- ショウガ(ペースト)…200g
- サラダ油…300ml
- ハリームマサラ…160g(ブラウンカルダモン、グリーンカルダモン、黒コショウ、ナツメグ、メース、クミン、コリアンダー、クローブを好みのバランスで配合する)

作り方

1. チャナダルの準備をする。流水で洗ってからたっぷりの水に1時間ほど浸けておく。
2. 大きな鍋に、チャナダルとその約3倍の水、ターメリック、レッドチリパウダー、塩、小麦を入れて、1時間20分ほどボイルする。
3. チャナダルが柔らかくなったら棒やハンドミキサーなどを使って形がなくなるまで潰す。水が多すぎると緩すぎ、少なすぎると固くなりすぎるので状態に応じて水の量の微調節をする。
4. 別の鍋で牛肉をその約3倍の湯でボイルする。2〜3時間かけて柔らかくなってきたら棒やヘラなどを使って潰しながら混ぜる。
5. フライパンに適量の油を入れて、ニンニク、ショウガをライトブラウンになるまで炒める。
6. ハリームマサラを加える。
7. 6と3を4に加え、牛肉の形がなくなるまで延々と潰しながら2時間ほど煮る。
8. 塩味を確認して盛りつけ、フライドオニオンやコリアンダーリーフ、ショウガ、シシトウなど好みのトッピング(分量外)をのせる。

大阪ハラールレストラン（大阪・西淀川区）

ラホリチャナ
lahori chana

パンジャブ地域（パキスタン北東部からインド北西部）の特にラホールという都市で
よく食べられている豆のカレー。タマネギやトマト、ニンニクなど香味の強い素材は使わず、
スパイスと豆だけで作るのでとてもやさしい味わい。かといって家庭料理ではなく、
レストランやホテルなどで肉のカレーの副菜感覚で食べる。
また祝い事でも必ずといっていいほど登場し、結婚式の翌朝などにロティと共に食べたりする。

材料 (約20人分)

チャナ
　カブリチャナ（流水で洗う）…1kg
　水…カブリチャナの約2倍
　重曹…小さじ1
　塩…大さじ1
　レッドチリパウダー…大さじ1
　ターメリック…小さじ1.5
サラダ油…350mℓ
スパイスⒶ
　コリアンダーパウダー…小さじ1.5
　黒コショウパウダー…小さじ1
　カレーパウダー（パキスタン製）
　　…小さじ2.5
トッピング
　コリアンダーリーフのみじん切り…適量

作り方

1. カブリチャナ（ヒヨコ豆の大粒種）を調理の12時間前に重曹を溶いた2倍量の水に浸けておく。
2. カブリチャナをザルに引上げ、鍋に移し、その約2倍量の水を入れてボイルする。
3. 沸騰すると泡（アク）が出てくるので、時間をかけてすべてすくい取る。
4. 塩、レッドチリパウダー、ターメリックを加え、蓋をしてことこと煮る。
5. カブリチャナをボイルし始めて約1時間半。指でつまんでしっとりと潰れるくらいまでになったら、4カップ分ほどを取り出しミキサーにかけペースト状にする。
6. ペーストを5の鍋の中に戻す。
7. フライパンに油を入れて15分ほどかけて熱する。
8. 6のカブリチャナ上にスパイスⒶのすべてをのせて、さらにそのスパイスの上から熱しておいた油をかけ、蓋をして5分ほど蒸らす。
9. ざっくりと混ぜてから器に盛り、コリアンダーリーフのみじん切りなどをのせる。

カシミリー アル パラク
kashimiri alu palak

アルはジャガイモ、パラクはホウレンソウのこと。
北インドやネパールなどでもよく見る組合せで、ベジタリアンの間でも愛されている。
家庭料理としても定番だがその際は油やスパイスを控え、
ホウレンソウはペーストにすることなく包丁で刻んだだけ、というケースが多い。
アバスィさんの郷里カシミールではホウレンソウは切らずにそのまま煮て
ジャガイモは薄切りにしていたという。
スパイスはわずか2種類だが、ニンニクとチリは強めに利かせている。

材料 (5、6人分)

- タマネギ(みじん切り)…1個
- サラダ油…80mℓ
- ニンニク(ペースト)…小さじ1.5
- ショウガ(ペースト)…小さじ1.5
- レッドチリパウダー…小さじ2
- ターメリック…小さじ1
- 塩…小さじ1.5
- ニンニク(薄切り)…2片
- トマト(みじん切り)…1個
- ホウレンソウ…2束
- ジャガイモ(適当なサイズの薄切り)…1個

作り方

1. ホウレンソウの根の部分のみを切り、水洗いしてザルに上げておく。
2. 鍋に油を入れ火にかけ、タマネギを炒める。
3. タマネギがブラウンになったらニンニクとショウガのペーストを加える。
4. レッドチリパウダー、ターメリック、塩を入れる。
5. ニンニクの薄切り、トマト、ホウレンソウを入れる。
6. ジャガイモを加え、蓋をして煮る。
7. 5分ほど煮て野菜から水分が染み出てきたら、焦がさないように時折混ぜながら弱火でさらに10分煮る。
8. ショウガやシシトウ(分量外)をトッピングする。

ネパール料理

ディードセット dhindo set
ネパール風そばがき

プルジャダイニング purja dining（東京・巣鴨）

ディードとは、穀物の粉を熱湯でかいた料理。そば粉、小麦粉、米粉、トウモロコシ粉、キビ粉などを単独で使うこともあれば、それらを数種ミックスして作ることもある。ネパールでの食べ方は、まずタルカリ（おかず）を口に入れて噛み、飲み込む寸前に、手で丸めたディードをカレーかギーにつけて口に入れ、おかずと一緒にのど越しを楽しむ。ディードはできたてのアツアツを食べるだけではなく、冷めた後にチャイ（ミルクティー）と食べたり、甘味をつけて食べることもある。かいているときになべ底に固まったお焦げもおいしく、食べ切れなかったら後でこんがりと焼き直して食べてもいい。

ディード 1

材料

そば粉（粗挽き）、キビ粉、米粉を同量ずつ合わせたもの
油…少々
水…適量
ギー…少々

作り方

1. 鍋に油を敷いてから水を加えて加熱し、沸騰したところに粉を入れる。粉の配合は季節により変わるが、ここではそば粉（粗挽き）、キビ粉、米粉を同量ずつ合わせたものを使用している。
2. 最初は少なめに粉を入れ、様子を見ながら好みの固さになるように少しずつ粉を足していく。
3. 焦げないように弱火にし、ふんわりとかき上げる。
4. 皿に盛り、上部にくぼみを作り、ギーを入れる。

A

B

C

鶏もも肉のチキンカレー 2

材料 （約1.5人分）

鶏もも肉…200g
トマト…50g
タマネギ…½個
ショウガ…20g
ニンニク…20g
水…100㎖
トマトペースト…80g
油…適量
塩…適量
ターメリック…3g
クミンホール…3g
カスリメティ…ひとつまみ
（レッドチリパウダー…適量）

作り方

1. 鶏もも肉を炒め、取り出しておく。
2. フライパンに油を入れて加熱し、ターメリック、クミンホール、おろしショウガ、おろしニンニク、タマネギのみじん切り、細かく切ったトマトを炒める。
   ＊トマトの酸味が足りなかったらレモン汁を加える
3. 2に水とトマトペーストを加えて加熱し、水分がなくなってきたら1の鶏もも肉を加える。
4. 塩、カスリメティを加える。
5. 辛くして欲しいという要望がある場合はレッドチリパウダーを適宜加える。

1 ディード
2 鶏もも肉のチキンカレー
3 豚の乳房肉の炒めもの
4 ジャガイモとトウガンの炒めもの
5 ソバの葉と空芯菜の炒めもの
6 ジャガイモと大豆のアチャル
7 トマトとゴマのチャツネ

2 世界のカレー

ネパリ グンドゥルック ゾル セット
nepali gundruk jhool set
グンドゥルックスープのセット

グンドゥルックとは、発酵させて乾燥させた青菜のこと。
今回は乾燥高菜を使用しているが、大根の葉、カラシの葉などを使って作ることもある。
酸味があるものとないものがあるので味をみて調整する。
「グンドゥルックセット」には、このグンドゥルックのスープのほか、
ライス、日替わりのおかず2種がつく。

材料（約2人分）

- 油…適量
- クミンホール…3g
- ターメリックパウダー…3g
- タマネギ…½個
- ニンニク…20g
- グンドゥルック（乾燥高菜）…60〜70g
- 水…100㎖
- レッドチリパウダー…適量
- 煎り大豆…適量

作り方

1. 鍋に油を入れ、クミンホール、ターメリックパウダー、タマネギ、ニンニクを炒める。
2. 食べやすい大きさにきざんだグンドゥルックをそのまま加え、軽く炒める。
3. 水を入れ、沸騰させる。
4. グンドゥルックが柔らかくなってから塩を入れる。好みで辛くしたいときはレッドチリパウダーを加える。
5. 煎り大豆を浮かせる。

ネパール料理

カジャセット khaja set
軽食セット

タカリバンチャ大森店
thakali bhanchha（東京・大森）

1 ベラコマス・タレラ・ブテコ（羊の揚げ炒め）
2 アンダ・ブテコ（ゆで卵のスパイス炒め）
3 グンドゥルック・アチャール（発酵乾燥青菜の炒め煮）
4 フライドチウラ（干し飯のガーリック風味）
5 バトマス・サデコ（煎り大豆の和え物）
6 アルコ・アチャール（ゴマ風味のポテトサラダ）

「定食」を意味するダルバートの場合はダル（豆スープ）とバート（米飯）に
おかずのタルカリやアチャールを組み合わせたスタイルが多いが、
ネパール語で「軽食」を指す「カジャ」には特定の組合せがあるわけではない。
ここでは、干し飯のチウラに素揚げした羊肉や卵のスパイス炒め、
ジャガイモや乾燥青菜のグンドゥルックを用いたアチャールなど、
タカリ族のごくポピュラーな料理を組み合わせた。

タカリバンチャ大森店（東京・大森）

ベラコマス・タレラ・ブテコ（羊の揚げ炒め）1

材料（4人分）

羊モモ肉（骨なし）…300g
揚げ油…適量
ピーマン…1個
タマネギ…40g
トマト…80g
ニンニクⒶ（薄切り）…2片
ニンニクⒷ（おろす）…小さじ1
ショウガ（おろす）…小さじ1

パウダースパイス
　ターメリック…小さじ½
　クミン…小さじ1
　コリアンダー…小さじ1
　レッドチリパウダー…小さじ½
　ティムグール（粉山椒）…ひとつまみ
塩…小さじ½
サラダ油…50ml

作り方

1. 羊肉はひと口大の角切り、ピーマンとタマネギは2cm角に切り、トマトはざく切り、ニンニクⒶは薄切りにする。
2. 鍋に揚げ油を入れて170℃に熱し、1の羊肉を入れてかき混ぜながら8〜10分かけてしっかり素揚げする。キッチンペーパーの上に取り出して余分な油をきるA。
3. フライパンにサラダ油を熱し、1のタマネギ、ピーマン、ニンニクⒶ、2の羊肉を入れて中火で炒めるB。
4. タマネギがしんなりしてきたら弱火におとし、おろしたニンニクⒷとショウガ、パウダースパイス、塩を加え、肉と野菜にからめるようにして4〜5分炒める。
5. トマトを加えて木ベラで混ぜて形を崩し、水分を飛ばすように中火で5分炒めるC。

アンダ・ブテコ（ゆで卵のスパイス炒め）2

材料（4人分）

卵…4個
サラダ油…大さじ2
塩…小さじ½
パウダースパイス
　クミン…小さじ½
　コリアンダー…小さじ½
　ターメリック…小さじ¼
　レッドチリパウダー…ひとつまみ

作り方

1. ゆで卵を作り、殻をむく。
2. フライパンにサラダ油を温め、塩、パウダースパイスを加えて炒めるA。
3. スパイスから香りが立ってきたら1のゆで卵を入れる。中火でフライパンをゆすり動かし、卵にスパイスの風味と色を表面に均一にからめるB。

グンドゥルック・アチャール（発酵乾燥青菜の炒め煮）3

材料（4人分）

グンドゥルック（発酵乾燥青菜）…30g
サラダ油…大さじ2
ニンニク（細切り）…1片
レッドチリパウダー…小さじ¼
塩…小さじ½

作り方

1. グンドゥルックはぬるま湯に20分ほど浸けて戻したのち、手で水気をしっかりと絞り、粗みじん切りにする。
2. フライパンにサラダ油を熱し、1のグンドゥルックを入れて水分を飛ばすようにして2〜3分炒める。
3. ニンニク、レッドチリパウダー、塩を加え、パラパラの状態になるまで炒める。
＊もし酸味が少ない場合はレモン汁を加えて補う。

フライドチウラ(干し飯のガーリック風味) 4

材料 (4人分)

チウラ(干し飯)…120g
ニンニク(細切り)…1かけ
ショウガ(細切り)…1かけ
揚げ油…適量

作り方

1. 鍋にたっぷりの油を180℃の高温に熱し、チウラを入れてさっと素揚げにする A。15秒ほどの短時間で、茶色く色づく前に網杓子でキッチンペーパーの上にあけて油をきる B。
2. 1の鍋の油の中に細切りにしたニンニクとショウガを入れて薄く色づくまで素揚げにする C。
3. 2を1のチウラに加えて軽く混ぜ合わせ、ニンニクとショウガの風味を移し、盆に盛る。

バトマス・サデコ(煎り大豆の和え物) 5

材料 (4人分)

煎り大豆(市販品)…100g
ニンジン…50g
タマネギ…50g
キュウリ…50g
香菜(粗みじん切り)…2本
ニンニク(細切り)…1片
ショウガ(細切り)…1かけ
パウダースパイス
　クミン…小さじ2
パプリカ…小さじ1
レッドチリパウダー…小さじ½
＊辛さは好みで加減する。
塩…小さじ1
レモン汁…大さじ1.5
サラダ油…大さじ3
香菜(粗みじん切り)…適量

作り方

1. ニンジン、タマネギ、キュウリは5mm角に切る。目安は大豆と同じ大きさにする A。
2. ボウルに煎り大豆、1の野菜、香菜以外の材料すべてを入れて B 手でよく混ぜ、最後に香菜を加えて混ぜる C。
＊本来、素揚げした大豆を使うが手間がかかるため、市販の煎り大豆を使用した。煎り大豆の香ばしさと歯ざわりを生かすため、作ったらすぐに提供する。

アルコ・アチャール(ゴマ風味のポテトサラダ) 6

材料 (4人分)

ジャガイモ…250g
タマネギ…50g
グリーンチリ…2本
パウダースパイス
　ターメリック…小さじ1
　レッドチリパウダー…小さじ½
塩…小さじ1
すりゴマ…大さじ2
レモン汁…大さじ1.5
サラダ油…50mℓ
メティシード(フェヌグリーク)…ひとつまみ

作り方

1. ジャガイモは蒸して火を通し、皮をむいてひと口大に切る。タマネギは2cm角に切り、グリーンチリは斜め細切りにする。
2. ボウルに1のジャガイモ、タマネギ、グリーンチリを入れ、パウダースパイス2種、塩、すりゴマ、レモン汁を加えて軽く和える A。
3. フライパンにサラダ油を熱してメティシードを入れ、メティシードの香りが出て黒くなるまで加熱する B。
4. 油から煙が出てきたら2にかけてよく和える C。

タカリバンチャ大森店（東京・大森）

ククラコマス・ゾール
kukhurako masuko jhol
切り干し大根と鶏肉のスープカレー

切り干し大根は日本と同様日常の保存食品のひとつで、
ネパールでは市場で荒縄のような状態で売られている日常食品。
ククラコマスは鶏肉、ゾールはスープを指す。羊肉（ベラコマス）や
ヤギ肉（カシコマス）でも作るネパールでは定番のカレーで、ディロ（ディード）をちぎって浸して食べる。
薬味はクルサニ（青トウガラシ）とニンニク、サンショウ風味。
ネパールのサンショウは日本の和山椒よりも中国の花椒に近いが、風味と辛さが微妙に異なる。

材料（4人分）

鶏モモ肉（骨、皮なし）…250g
切り干し大根（乾燥、市販品）…25g
サラダ油…50ml
ショウガ（おろす）…大さじ1
ニンニク（おろす）…大さじ1
パウダースパイス
　ターメリック…小さじ2
　クミン…小さじ1
　コリアンダー…大さじ1
　レッドチリパウダー…小さじ½
　＊レッドチリパウダーは好みで辛さを加減する。
塩…小さじ1〜1.5
水…500ml
香菜（ざく切り）…適宜

作り方

1. 鶏肉はひと口大に切る。切り干し大根は水に浸けて柔らかく戻し A、水気をしっかり絞り、食べやすい長さに切る。
2. 鍋にサラダ油、ショウガ、ニンニクを入れ、木ベラでかき混ぜながら弱火で加熱する。
3. ショウガとニンニクが少し色づいてきたら、パウダースパイスを一度に加えて混ぜ、香りが立ってきたら鶏肉を加えてスパイスをからめるようにして弱火でよく炒める B。
　＊鶏肉の水分をしっかり抜き、肉の旨みを凝縮させる。
4. 1の切り干し大根と塩を加えてさらに2〜3分炒めたのち、水を注いで強火で沸騰させる C。蓋をして中火で10分ほど煮込む。器に盛りつけ、香菜をのせる。

○ミサエコ・アチャール
（野菜の香り油和え）

ダイコン…100g
ニンジン…100g
キュウリ…50g
塩…小さじ1
パウダースパイス
　ターメリック…小さじ1
　レッドチリパウダー…小さじ½
　＊辛さは好みで加減する。
すりゴマ…大さじ4
レモン汁…大さじ1
サラダ油…50ml
メティシード（フェヌグリーク）…ひとつまみ

●下準備

1. ダイコンとニンジンはそれぞれ5cm長さの拍子木切りにし、塩をまぶしてザルに入れ、そのまま5時間以上寝かせて水分を抜き、歯ざわりをよくしておく。
　＊ネパールでは通常ダイコンのみで作ることが多いが、タカリバンチャでは彩りよくニンジンとキュウリを組み合わせている。

●作り方

2. ボウルに水分を抜いたダイコンとニンジン、同じ大きさに切ったキュウリを入れ、塩（分量外）、パウダースパイス2種、すりゴマ、レモン汁を加えてざっと和える。
3. フライパンにサラダ油を熱し、メティシードを入れて弱火で加熱する。メティシードが香り高く、黒くなり、油が高温になって煙が出てきたら、2の上にかけ、全体によく和える。
　＊高温の油を使用するので取り扱いに注意する。

○クルサニコ・チョプ
（青トウガラシとニンニクの薬味）

グリーンチリ…5本
ニンニク（薄切り）…3片
香菜（粗みじん切り）…3本
ティムグール（粉山椒）…小さじ½
塩…小さじ½
レモン汁…小さじ½

1. グリーンチリはヘタを取り、種ごと小口からざく切りにしてすり鉢に入れ、ほかの材料を加えていっしょに細かくすりつぶす A。
　＊石うすで作ると、より香りが引き立つ。

ミャンマー料理

ンガクー・ヒン ngakhu hin
ナマズのカレー

ノングインレイ nong inlay（東京・高田馬場）

ミャンマー料理では煮込みには油をたっぷりと用いて、
いったん水分がなくなるくらいまで加熱してから
再び水を加えて煮るという工程を経るのが特徴である。
旨みとスパイスの溶け込んだ油自体もおかずであり、たっぷりのご飯とともに食べる。
ナマズはミャンマーを代表する麺料理の「モヒンガー」にも用いられる日常的な食材で、
そのカレーはミャンマーの主要民族であるビルマ族の料理。店では日本向けに油は控えて、
辛いのが苦手の人はよけられるように丸のままのグリーンチリを入れている。

材料 (3人分)

- ナマズ…1尾
- 塩…適量
- ナンプラー…適量
- タマネギ(みじん切り)…大2個
- ニンニク(みじん切り)…2かけ
- レモングラス…3本
- コリアンダーの根…10本
- サラダ油…適量
- ターメリック…適量
- パプリカ…適量
- トマト(缶詰でもよい)…適量
- グリーンチリ…1本

作り方

●下準備

1. ナマズ1尾を塩でもんで、ぬめりを取る。頭は生ぐさみが強いのではずし、胴をぶつ切りにする。ナンプラーをふって1～2時間おく。
2. タマネギ、ニンニクをみじん切りにする。レモングラス、コリアンダーの根をミキサーにかける。

●調理

3. 2の野菜をサラダ油で炒める。スパイスを加える。
4. きざんだトマトを加える。
5. 1のナマズを加えて20分ほど煮る。
6. グリーンチリをそのまま入れて混ぜる。

アメーダー・ヒン
ametha hin
牛肉のカレー

ミャンマーの中でもシャン族と呼ばれるタイ系の少数民族の料理。
ノングインレイのオーナーはミャンマー北部のシャン族の出身で、
彼らの料理は油を多く使うミャンマー族に対し、
たっぷりのタマネギのとろみと甘みで食べる煮込み料理が多いのが特徴。
カレーに添えるジャスミンライスには、エビの塩辛とトウガラシで作る
辛いふりかけ「ンガピヂョー」をのせている。

材料（30人分）

- 牛のすね肉…6kg
- タマネギ（みじん切り）…大10個
- ニンニク（みじん切り）…300g
- ショウガ（みじん切り）…300g
- パプリカパウダー…適量
- 砂糖…少々
- 塩…少々
- 八角…適量
- 山椒…適量
- 水…1.2〜1.5ℓ
- 小ネギ…適量
- ふりかけ
  - 干しエビ…適量
  - エビの塩辛…適量
  - タマネギ…適量
  - トウガラシ…適量

作り方

●調理
1. 牛のすね肉を適当な大きさに切り分ける。
2. タマネギ、ニンニク、ショウガをみじん切りにして、少量の油を引いた鍋に入れ、茶色く色づくまで炒める。
3. パプリカパウダーを加える。
4. 1の牛すね肉を加え、砂糖少量、塩を入れて炒める。
5. 八角、山椒を加え、水を注ぎ入れる。
6. 蓋をして40分ほどかけてゆっくり煮込む。

●盛りつけ
7. 干しエビを少量の油で香りが出るまで炒め、カピ（エビの塩辛）を加える。タマネギのみじん切り、トウガラシのみじん切りを加えてさらに炒めてふりかけにする。
8. 皿に盛ったカレーには小口からきざんだ小ネギを、別添えのジャスミンライスにはエビ味噌のふりかけをのせる。

ベトナム料理

ブン・カリー
bún cà-ri

マイマイ Maimai（東京・江古田）

ブンはフォーと同じく米を原料とする麺で、粉砕した米を湯と混ぜ、
沸騰した湯の中に絞り入れ、ゆでて作る。
ベトナムではフォーよりもポピュラーで、全土で米のかわりによく食べられており、
カレーにはたいてい、ブンかパンを添えて食べる。
ブン・カリーはコンデンスミルクとサツマイモが入るカレーなので、
全体としては甘めの味つけに仕上がっており、
のど越しのよいブンとの相性がよい。

材料 (4人分)

- 鶏手羽元…500g(8本)
- 黒コショウ(粗めのパウダー)…小さじ¼
- ヌックマム…15㎖
- ブン…160g
- サツマイモ…200g
- サラダ油…適量
- タマネギ…1個
- レモングラス(みじん切り)…大さじ½
- レッドチリホール…½本
- ニンニク…2片
- ショウガ…1片
- 調味料Ⓐ
  - ターメリック…小さじ1
  - コリアンダー(パウダー)…小さじ2
  - 五香粉…小さじ1.5
- 水…600㎖
- ココナッツミルク…200㎖
- 調味料Ⓑ
  - ヌックマム…大さじ2
  - コンデンスミルク…大さじ2
  - グラニュー糖…大さじ1
  - 塩…小さじ½
- 黒コショウ(粗めのパウダー)…適量
- ライム(くし型をさらに半分に切る)…4片

作り方

1. 鶏手羽元は、黒コショウとヌックマムをもみ込み約15分間置いて下味をつける。
2. ブンは約50℃の湯に約5分間浸して戻しⒶ、水気を切っておく。時間があれば水で戻してもよい。その場合の戻し時間は15分程度。柔らかくなればよい。
3. サツマイモを皮ごと1.5〜2cmの厚さに輪切りにし、さらに波型の包丁で拍子木切りにするⒷ。水にさらしてアクを抜く。
   * 波型の包丁はベトナムではポピュラーで、キュウリなどの野菜類を切る時にも使う。
4. 深鍋に米油を注いで180℃に熱し、水気を拭き取ったサツマイモを入れて4〜5分間揚げるⒸ。薄く色づいたら引き上げて油を切っておく。
5. タマネギをみじん切りにする。レッドチリホールは種を取らずにそのままみじん切りにする。ニンニクとショウガはすりおろしておく。
6. フライパンにサラダ油を熱して5のタマネギを加えて軽く色づくまで炒める。レモングラスを加えて中〜強火で炒める。
7. レモングラスの香りが立ったら、5のレッドチリホール、ニンニク、ショウガを加えて中火にしⒹ、全体がアメ色になるまで炒める。
8. 調味料Ⓐ、1で下味をつけた鶏手羽元を加えて焼き色をつけるⒺ。水とココナッツミルクを加えてⒻ、約20分間中火で煮込む。
9. 調味料Ⓑを加えてⒼ、さらに10分間煮込む。
10. 1で戻したブンを熱湯に入れ、吹きこぼれないくらいの火加減で4〜5分間ゆでるⒽ。1本食べてみて、柔らかくなっていたら火を止めてザルにあげ、流水でよく洗う。水で洗うと麺がしまるので、少し柔らかめにゆで上げるのがコツ。水気を切って、サラダ油で和える。
11. 9に3のサツマイモを加えて1〜2分加熱して完成。

● 盛りつけ

12. 皿に10のブンを盛り、11をかける。黒コショウとライムを添えて提供する。

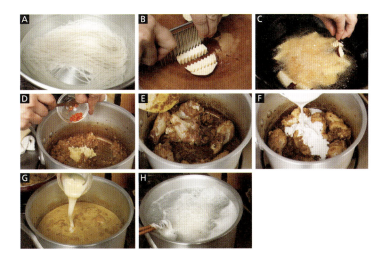

鶏肉のレモングラス、ターメリック風味煮
gà kho sả

ベトナム南部を中心によく食べられている家庭料理。
さわやかなレモングラスとターメリックの組合わせが
ご飯にとてもよく合うおかず。
炒めて蒸し焼きにすることもある。
完全に煎りつけずに、汁けを少し残した状態で火を止めるのがコツ。

材料 (約4人分)

鶏モモ肉…600g
レッドチリホール…1本
サラダ油…大さじ2
ニンニク(みじん切り)…大さじ1
レモングラス(みじん切り)…40g
グラニュー糖…小さじ2
ヌックマム…大さじ2
ターメリック…小さじ2
水…130mℓ
黒コショウ(粗めのパウダー)…少々

作り方

1 鶏モモ肉はひと口大に切る。レッドチリホールは種つきのままザク切りにする。
2 フライパンにサラダ油と **1** のニンニクのみじん切りを入れて熱し、香りが立ってきたらレモングラスを加えてさらに炒める **A**。
3 **1** の鶏モモ肉を加えて白くなったら、グラニュー糖、ヌックマム、ターメリックを加える **B**。全体を煎りつけて水を加え、中火で約15分間煮る **C**。
4 汁けが少し残っている状態で、**1** できざんだレッドチリホールと、黒コショウを加えて混ぜたら完成。

タイ料理

クーン パッポン カリー
kung pad pong curry

海老の炒めカレー

ライカノ Laikanok（東京・北千住）

バンコクのシーフード料理店「ソン・ブーン」発祥でいまやタイ中で食べられている
渡り蟹をカレー風味で炒めた「プー・パッポン・カリー」。
その渡り蟹（プー）をエビ（クーン）に置き換えた。
卵でからめるのが特徴で、ツーオーダーで仕上げる。

材料 (1人分)

- エビ（ブラックタイガー）…3尾
- タマネギ（くし切り）…1/3玉
- ピーマン（細切り）…1/4個
- セロリ（細切り）…15cm
- パプリカ（赤）…1/8個
- 全卵…2個
- チリオイル…大さじ1
- 砂糖…小さじ1
- レッドカレーパウダー…大さじ1
- 牛乳…大さじ3
- ココナッツミルク…大さじ2
- うま味調味料…少々
- 醤油…小さじ1
- 湯…50g
- サラダ油…50g
- チリオイル…50g

作り方

1. エビを縦半分にカットする**A**。
2. フライパンでサラダ油（分量外）を熱し、**1**のエビを投入し軽く素揚げする。全体が赤く色づいたら皿に取り出す**B**。
3. タマネギ、ピーマン、セロリ、パプリカを準備する**C**。
4. 全卵、チリオイル、砂糖、レッドカレーパウダー、牛乳、ココナッツミルク、うま味調味料を混ぜておく**D**。
5. フライパンにサラダ油を入れて熱し、**2**のエビと**3**の野菜、醤油を一気に入れて炒める**E**。
6. 湯を注ぐ**F**。
7. サラダ油を入れ、じっくり加熱する。
8. チリオイルを入れる。
9. **4**を一気に注ぎ、強火で一気に加熱する**G**。卵が凝固するまでの1分以内で仕上げる。

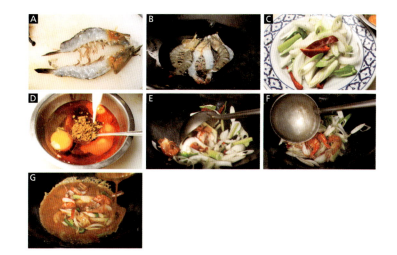

マレーシア料理

パンコール風
フィッシュヘッドカレー
pangkor fish head curry

ラサ rasa（東京・銀座）

フィッシュヘッドカレーは本来なら捨ててしまう魚の頭を活用した漁師料理。
ラサでは土鍋に入れて固形燃料で温めて提供する。
タイの頭を使った濃厚な旨みのカレーで、
眼の周りのゼラチン質がスパイシーな汁と合う。

材料 (1人分)

- タイの頭…1つ
- オクラ…4個
- ナス…1個
- キャベツ…適量
- 油揚げ…適量
- ペースト
  - 赤トウガラシ…25g
  - レモングラス…4本
  - タマネギ…1個
  - ニンニク…50g
  - カー…50g
- パンダンリーフ…10g
- バイマックルー…10枚
- サラダ油…適量
- 魚用カレーパウダー…20g
- 塩…大さじ½
- コンソメパウダー…大さじ½
- ココナッツミルク…200mℓ
- トマト…適量

作り方

●下準備

1　具材を用意する。タイの頭をゆでて臭みを抜く。オクラとナスを適当に切り分け、油通しする。キャベツをゆでる。油揚げも油抜きして1cmほどの幅に切り分けておく。

●作り方

2　ペーストの材料をすべて適当な大きさにきざんでミキサーに入れ、少量の水（分量外）を加えて回す。

3　漉して、汁をとりおく。

4　パンダンリーフ、バイマックルーも同様にペーストにし、汁をとりおく。

5　サラダ油を入れた鍋に**3**のペーストを入れて加熱し、カレーパウダー、**4**を加える。

6　**5**を水で溶き、塩、コンソメパウダー、ココナッツミルクを加える。

7　具材のタイの頭と野菜を**6**で煮る。土鍋に移し、油揚げと櫛切りにしたトマトを飾る。

インドネシア料理

グレ カンビン gulai kambing
山羊カレー

チャベ目黒店 cabe（東京・目黒）

インドネシア料理の味つけに欠かせない合わせ調味料がブンブとサンバル。
ブンブはグレ（カレー）などの煮込みに使うペーストで、
野菜とスパイスを混ぜ合わせたもの。
その作り方や味わいは料理によっても作り手によってもいろいろ。
同じ料理でも使うブンブによって味も違ってくる。
カンビン（インドネシア語でヤギ）のカレーは、インドネシアでよく食べられる。

材料 (店の仕込み量)

骨つきヤギ肉（ぶつ切り）…2kg
ブンブ
　タマネギ（ざく切り）…1個
　赤パプリカ（ざく切り）…2個
　ニンニク…40g
　サラダ油…多め（大さじ3〜4）
　クローブ…5g
　トゥラシ…7g
　生のスパイス
　　サラームリーフ（生）…2枚
　　コブミカンの葉（生）…2枚
　　レモングラス（ざく切り）…2本
　　ガランガー…5片
　　ショウガ（おろす）…25g
　　シナモンスティック…1本
　パウダーのスパイス
　　ナツメッグパウダー…5g
　　クミン…7g
　　コリアンダーパウダー…15g
　　ターメリックパウダー…15g
　　パプリカパウダー…15g
　　コショウ…10g
塩…30g
水…適量
ココナッツミルク…1ℓ

作り方

1. ベースのブンブを作る。フライパンにサラダ油を入れ、タマネギ、赤パプリカ、ニンニクを加え、タマネギが透明になるまで木ベラでかき混ぜながら強火で炒める**A**。
2. 1の野菜をミキサーにかけてペースト状にする**B**。フライパンに残った油は取りおく。
3. 鍋に2のペーストと取りおいた油をあけ、クローブ、トゥラシ（小エビを発酵させたペースト。アミの塩辛）を加え、かき混ぜながら弱火で炒める**C**。香りが出てきたら、生のスパイス、パウダーのスパイスの順に加えて混ぜながら炒め、ブンブとする。
4. ヤギ肉を加える。肉全体にブンブがよくからむように混ぜたのち、塩を加えて混ぜる**D**。
5. 水を注いで中火で肉が柔らかくなるまで煮込む**E**。ココナッツミルクを加えて軽く煮る**F**。

トンセン カンビン
tongseng kambing

山羊と野菜のピリ辛カレー

トンセンは、キャベツとピーマンをトウガラシを加えた
辛みのある汁で煮込んだ料理で、ヤギ肉で作られることが多い。
山羊のカレーのグレ・カンビンをベースにして、野菜に火が通ったら、
赤トウガラシとインドネシアの甘口醬油のケチャップマニスで
辛さと旨みを加えて仕立てている。

材料（約1人分）

グレ・カンビン(86頁参照、取り分ける)
　…200g
キャベツ…1葉
トマト…½個
赤パプリカ…¼個
レッドチリホール(生、粗みじん切り)…1本
ケチャップマニス(甘口醬油)…適量

作り方

1 キャベツをざく切りにする。トマトはくし切りに、赤パプリカは種を除き、太めの短冊状に切る。
2 鍋に人数分のグレ・カンビンを取り分けて温め、キャベツ、トマト、赤パプリカを加えて中火で煮る A。
3 野菜がしんなりしてきたらレッドチリホールを加えて辛みをつける B。
4 野菜に火が通ったら、ケチャップマニスを全体に加えて味をととのえる C。

●仕上げ

5 器に盛り、バワン・ゴレン（揚げエシャロット）をふったライスを添える。

スリランカ料理

アンブラ ambula

セイロンカリー
seylon curry（大阪・南船場）

1. キリマール
2. パリップ
3. ビーツのカレー
4. ジャガイモのテルダーラ
5. 間引き菜のサンボル
6. ポルサンボル

アンブラとはスリランカの言葉で、田舎のお母さんが農作業などに
出かけるときにもっていく蓮やバナナの葉で包んだお弁当のこと。
メインは魚か肉のカレーで、ほか豆や野菜などのカレー、
野菜やココナッツの和え物など複数の料理を白いご飯に盛り付けるのが定番。
「セイロンカリー」では、平日はプレート皿に盛りアンブラという名で、
週末はバナナの葉にのせてスペシャルアンブラという名で提供している。

キリマール 1

材料（7人分）

トビウオ（綺麗にし処理して幅5cmくらいのぶつ切りにする）…2尾
ベース
　タマネギ（薄切り）…¼個
　レモングラス（薄切り）…小さじ1
　ニンニク（みじん切り）…3片
　シシトウまたはグリーンチリ（斜め切り）…3本
　サラダ油…大さじ2
ホールスパイス
　クローブホール…6個
　グリーンカルダモンホール（割る）…4個
　シナモンホール（細かくする）…小さじ⅓
　ランペ…ひとつまみ
　カラピンチャ（カレーリーフ）…10枚
　フェヌグリークシード…ひとつまみ
パウダースパイス
　黒コショウ…少々
　ターメリック…小さじ½
　レッドチリパウダー…小さじ⅓
　トゥナパハ（アンローステッドタイプ）…小さじ1
ココナッツミルクパウダー…大さじ3
熱湯…150ml
水…500ml
ゴラカ…約小さじ1
塩…約小さじ1

作り方

1 鍋にサラダ油を入れ、ベースのすべての材料とホールスパイスを加えて炒める。
2 タマネギがしんなりとなったらパウダースパイスのすべてを加える A 。
3 ココナッツミルクを用意する。パウダーに熱湯を加えてよく混ぜてから水を加える。
4 ココナッツミルク、ゴラカを加える B 。
＊ゴラカは乾燥した固いものが輸入されているが、塩水に漬け込んで柔らかにしておくとそのつど取り出して使える。
5 塩を加え、ぐつぐつと煮えたらトビウオを入れ10分ほど煮込む C 。

パリップ 2

材料（7人分）

マスールダル（たっぷりの水に30分ほど浸けておく）…250g
タマネギ（薄切り）…⅓個
シシトウまたはグリーンチリ（斜め切り）…3本
スパイス
　ターメリック…小さじ½
　レッドチリパウダー…小さじ1
　ランペ…ひとつまみ
　カラピンチャ（カレーリーフ）…10枚
水…400ml
ココナッツミルクパウダー…大さじ2
熱湯…100ml
塩…小さじ1
テンパリング
　サラダ油…大さじ2
　マスタードシード…小さじ⅔
　タマネギ…¼個
　チリ・コルサ（粗挽きトウガラシ）…適量

作り方

1 マスールダルの水気を切り、鍋に入れる。
2 タマネギ半分、シシトウ、すべてのスパイスを 1 に入れる A 。
3 水を加えて加熱する。塩を加える。
4 ココナッツミルクを用意する。パウダーに熱湯を加えてよく混ぜてから水を加える。ココナッツミルクを加えて煮込む。
5 テンパリングする。フライパンにサラダ油を入れて火にかけ、先にマスタードシードをいれてぱちぱちと弾けてきたらタマネギと粗挽きトウガラシを炒める B 。
6 タマネギがライトブラウンになったら 5 の中に入れてざっくりと混ぜる C 。

ビーツのカレー 3

材料（7人分）

ベース
　ビーツ（幅3mmほどの千切り）…1個
　タマネギ（薄切り）…½個
　ニンニク（みじん切り）…大1片分
　シシトウまたはグリーンチリ（斜め切り）
　　…2〜3本
スパイス
　カラピンチャ（カレーリーフ）…10枚
　ランペ…ひとつまみ
　シナモンホール（細かくする）…小さじ2
　ターメリック小さじ…⅓
　レッドチリパウダー小さじ…½
　トゥナパハ…小さじ1
　ココナッツミルクパウダー…大さじ1.5
　熱湯…75mℓ
水…200mℓ
塩…小さじ1

作り方

1. 鍋にベースのすべてを入れて火にかける。
2. スパイスのすべてを加えて混ぜる。
3. ビーツから水分が滲み出してきたら蓋をして蒸すようにして3分ほど中火で煮る。
4. ココナッツミルクを用意する。パウダーに熱湯を加えてよく混ぜてから水を加える。ビーツがしんなりとしたらココナッツミルクを入れ、塩を加える。
5. 水分が半分以下になるまで煮詰める。

ジャガイモのテルダーラ 4

材料（5人分）

ジャガイモ（ボイルしてぶつ切り）…250g
タマネギ（薄切り）…小½個
ニンニク（みじん切り）…2個
シシトウまたはグリーンチリ（斜め切り）
　…3本
スパイスⒶ
　カラピンチャ（カレーリーフ）…8枚
　ランペ…ひとつまみ
　シナモンホール（細かくする）…小さじ½
スパイスⒷ
　ターメリック小さじ…¼
　チリ・コルサ…小さじ1
サラダ油…大さじ2

作り方

1. 鍋にサラダ油を入れ火にかけ、タマネギ、ニンニク、シシトウ、スパイス1のすべてを入れる。
2. タマネギがブラウンになり、香ばしくカリカリになったらスパイス2、ジャガイモ、塩を加える。
3. 蓋をして蒸すようにして炒める。焦げ付かないように時折蓋を開けて混ぜる。
4. 数分がたち全体がまとまったら火を止める。

間引き菜のサンボル 5

材料（7人分）

大根の間引き菜（みじん切り）…ひとつかみ
タマネギ（みじん切り）…⅓個
シシトウまたはグリーンチリ（みじん切り）
　…2本
黒コショウ…少々
ココナッツファイン…大さじ2
レモン汁…小さじ1
塩小さじ…½

作り方

1. ボウルにタマネギ、シシトウ、ココナッツファイン、塩、黒コショウ、レモン汁を加え、手でざっくりと混ぜる。
2. 大根の間引き菜を和えたら出来上がり。

ボルサンボル 6

材料（7人分）

タマネギ（みじん切り）…小さじ⅓
ココナッツファイン…1.5カップ
チリ・コルサ…小さじ½
レッドチリパウダー…小さじ½
レモン汁…小さじ1
塩…小さじ¾

作り方

1. すべての材料を混ぜあわせたら出来上がり。

セイロンカリー（大阪・南船場）

ハラクマスカリー
harakmas curry

田舎のビーフカレー

スリランカではチキンやフィッシュを筆頭に、ビーフやポーク、
マトンなどのカリーが食べられている。現地では多くの場合、水分が少なく、
スパイスや野菜がまとわりついたごろごろとしたものを
主食が米の時は混ぜ合わせて、ロティならつまんで食べる。
酒を飲む人も多くいるのでオードブルとしてカリーだけを食べることもしばしば。
肉のカリーには必ずローストしたトゥナパハを使う。香りが増し深みが出る。

材料 (5人分)

牛もも肉(3cmほどのぶつ切り)…250g
ベース
　タマネギ(粗みじん切り)…½個
　ニンニク(みじん切り)…2片
　シシトウまたはグリーンチリ(斜め切り)
　　…2〜3本
スパイスⒶ
　生のレモングラス(薄切り)…小さじ1
　カラピンチャ(カレーリーフ)…8枚
　ランペ…ひとつまみ
　グリーンカルダモンホール(割る)…5個
　クローブホール…5個
　シナモンホール(細かくする)…小さじ½
スパイスⒷ
　黒コショウパウダー…少々
　ターメリック…小さじ⅓
　レッドチリパウダー…小さじ1
　トゥナパハ(ロースト)…小さじ1
サラダ油…大さじ2
塩…小さじ⅔〜1
水(好み量)…200㎖
トマト(細めのくし型切り)…½個

作り方

1. タマネギを粗みじんに、ニンニクをみじん切りにシシトウ(またはグリーンチリ)を斜め切りにする**A**。
2. 鍋にサラダ油を入れ火にかけ、ベースの材料すべて、スパイスⒶのすべてを加えて炒める**B**。
3. 火が通ったら牛肉を加えて混ぜる**C**。
4. 牛肉に火が通ったらスパイスⒷのすべてを入れて混ぜる**D**。
5. 水、塩を加えてよく混ぜる。
6. 10分ほど煮込んだらトマトを加えてさっとかき混ぜ、火を止める**E**。

スリランカ料理

ローヤル野菜カレー
royal vegitable curry

キャンディ　KANDY（東京・日本橋）

スリランカではゴーヤは日常的に食べられている野菜。
カレーは、あらかじめゴーヤにスパイス類をまぶし、味をなじませてから炒め、
水を加えて10〜15分煮て火を通したもので、ライスにはココナツ・サンボール、
パパダン、チャツネ、テンパード（野菜料理）を添えている。
ゴーヤ・サンボーラ（写真中段）は辛味と酸味のある添えもの。
ゴーヤは塩とターメリックパウダーを入れた水に浸けてから、
こんがりと素揚げすることで、苦味を抑え、香ばしさを出している。

材料

○ゴーヤカレー

ゴーヤ…100g
下味用
　ターメリックパウダー…2g
　レッドチリパウダー…5g
　カレーパウダー（アンローステッド）…5g
　塩…5g
ココナッツオイル…10g
マスタードシード…3g
タマネギ…25g
ニンニク…15g
クミンシード…2g
シナモンスティック…3g
カルダモン（ホール）…2個
カレーリーフ（乾燥）…5g
ショウガ…5g
ゴラカ…5g
トマト…20g
水…400mℓ
ココナッツミルク（濃いめ）…200mℓ

作り方

1. ゴーヤはタネを取って大きめの拍子木状に切り、ターメリックパウダー、レッドチリパウダー、カレーパウダー（アンローステッド）、塩をまぶし、下味をつけておく**A**。
2. 鍋にココナッツオイルを入れて熱し、マスタードシードを入れ、パチパチとはじけてきたら、タマネギ、ニンニクを加えて炒める。
3. クミンシード、シナモンスティック、カルダモン、カレーリーフ、ショウガを加え、弱火でほんのり色づくまで炒める**B**。
4. 3に1を加えて炒める**C**。
5. ゴラカを加える。
6. トマトを入れて炒める。
7. 水を加え、10〜15分煮る**D**。
8. ココナッツミルク（濃いめ）を入れ**E**、分離しないように常にかき混ぜながら5分ほど煮る**F**。味を確認し、塩で調整する。

○ゴーヤ・サンボーラ

ゴーヤ…100g
下味用
　ターメリックパウダー…3g
　塩…6g
　水…500mℓ
赤タマネギ…50g
トマト…50g
グリーンチリ…5g
ライムの搾り汁…小さじ1
塩…1g
黒コショウ（パウダー）…0.5g

1. ゴーヤはタネを取って薄くスライスし、ターメリックパウダーと塩を入れた水に浸け、10分ほど置く**A**。これにより、ゴーヤの苦味を抑え、白い部分にターメリックで黄色い色をつけ、塩味を浸み込ませることができる。
2. 1のゴーヤの水気をよく切り、こんがりと素揚げし、油を切っておく**B**。
3. ボールに2と、赤タマネギのスライス、タネの部分を取って細切りにしたトマト、グリーンチリの小口切り、ライムの搾り汁、塩、黒コショウを加え、ゴーヤが折れないように全体をふんわりと混ぜ合わせる**C**。

エビを使った、ごちそう感のあるカレー。
エビが固くならないように、水を加えてから5分、
ココナッツミルクを入れてから2分と、計7分ほど煮て仕上げる。
そのため、スパイス類や塩をあらかじめエビにまぶし、味を浸み込ませておく。

材料

エビ…100g
下味用
　黒コショウ（パウダー）…2g
　ターメリックパウダー…3g
　レッドチリパウダー…3g
　カレーパウダー（アンローステッド）…5g
　フェヌグリークシード…3g
　塩…3g
　ゴラカ…5g
　トマト…25g
ココナッツオイル…大さじ2
マスタードシード…3g
タマネギ…25g
ニンニク…20g
ショウガ…5g
シナモンスティック…5g
カレーリーフ（乾燥）…5g
水…400mℓ
ココナッツミルク（濃いめ）…200mℓ

作り方

1 エビに黒コショウ、ターメリックパウダー、レッドチリパウダー、カレーパウダー、フェヌグリークシード、塩、ゴラカをまぶして下味をつけ、トマトも合わせておく A。
2 鍋にココナッツオイルを入れて熱し、マスタードシードを入れ、パチパチとはじけてきたらタマネギのスライス、ニンニクとショウガのみじん切りを入れて炒め B、さらにシナモンスティック、カレーリーフを加えて炒める。
3 弱火にし、1を加える C。このときに火が強いと、エビやカレーパウダーが焦げて苦味が出てしまう。弱火のままトマトを崩してペースト状になるように炒める。
4 エビの殻が赤くなったら水を加え D、5分ほど煮る。
5 ココナッツミルク（濃いめ）を入れ E、2分ほど煮てでき上がり F。

2　世界のカレー

スリランカ料理

ホワイトフィッシュカレー
kiri maru hodi

ビーツカレー
rathuala hodi

スパイシーレストラン
アチャラ・ナータ（東京・中野）

ホワイトフィッシュカレー 1

ローステッドタイプのミックススパイスでコクと深みを出したブリのカレー。
日本では生のココナッツの入手が難しいため、「アチャラ・ナータ」ではココナッツパウダーを水で溶き、
その際に濃いめと薄めの2種類に調整する。魚を煮込むときは薄めのココナッツミルクを身が崩れるのを
防ぐ目的で使用し、仕上げに濃いめのココナッツミルクを加えてスパイスのとがった部分を
おさえてまろやかさを出し、レモングラスで魚の臭みを取り、全体をまとめている。

材料（約10人分）

ブリ…350g
下味用
　レッドチリパウダー…小さじ¾
　ターメリックパウダー…小さじ¾
　塩…小さじ1
ココナッツオイル…大さじ1
フェヌグリークシード…小さじ⅓
ニンニク…3〜4片
タマネギ…200g
ターメリックパウダー…小さじ½
レッドチリパウダー…小さじ½
カラピンチャ（カレーリーフ・生）…1枝
塩…大さじ½
ミックススパイス（ローステッド）…大さじ⅓
ココナッツミルク（薄め）…400㎖
レモングラス（生）…1本
ココナッツミルク（濃いめ）…50㎖

作り方

1. 大きめの切り身にしたブリに、下味用のターメリックパウダー、レッドチリパウダー、塩をまぶしておく **A**。
2. フライパンを火にかけてココナッツオイルを入れ、フェヌグリークシードを熱し、ニンニクのみじん切りを入れて炒める **B**。
3. 薄くスライスしたタマネギを加えてさらに炒める。
4. タマネギが透き通ってきたら、ターメリックパウダー、レッドチリパウダーを加え、カラピンチャを枝から外して入れる **C**。
5. 塩を入れ、ミックススパイスを加えて、焦げないように軽く炒める。
6. 薄いココナッツミルクを入れ **D**、沸騰させる。
7. 沸騰したらレモングラスを入れる **E**。
8. 下味をつけておいたブリを入れ **F**、火を通す。状態によって水を加えて調整する。
9. 濃いココナッツミルクを入れて全体をまとめる **G**。塩加減を適宜調整し、でき上がり **H**。

1 ホワイトフィッシュカレー
2 ビーツカレー
3 ピットゥ（レシピは28頁参照）

アチャラ・ナータ（東京・中野）

ビーツカレー 2

ビーツの鮮やかな赤い色を生かしたカレー。
ターメリックやミックススパイスを入れると色がくすんでしまうため、
主にチリパウダー、黒コショウ、塩で味付けしている。
比較的短時間で作れるシンプルな一品。

材料（約10人分）

- ビーツ（赤カブ）…350g
- ココナッツオイル…大さじ1
- マスタードシード…小さじ1
- ニンニク…3片
- カラピンチャ（カレーリーフ・生）…1枝
- タマネギ…200g
- レッドチリパウダー…小さじ¾
- 黒コショウ（パウダー）…小さじ¾
- 塩…小さじ1
- 水…適量
- グリーンチリ（冷凍）…1本
- ココナッツミルク（濃いめ）…50mℓ

作り方

1. フライパンにココナッツオイルを入れ、マスタードシードを加えて加熱する A。
2. マスタードシードがパチパチとはじけたら、ニンニクのみじん切りと、カレーリーフの葉を枝から外して入れ、さらに炒める B。
3. 薄めにスライスしたタマネギを加え、透き通ってくるまで炒める C。
4. レッドチリパウダー、黒コショウ（パウダー）、塩を加え、さらに炒める D。
5. 拍子木状に切った生のビーツを入れて炒める E。
6. 水を適量入れて煮詰める F。
7. グリーンチリの真ん中に切り目を入れて辛味が出やすいようにし、6に加える。
8. 濃いめのココナッツミルクを入れ G、全体をなじませ H、塩加減を適宜調整し、でき上がり。

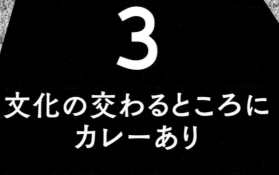

3
文化の交わるところにカレーあり

異なる料理文化が出会うと、時にそこから
まったく新しい料理が生まれます。なかでも
カレーは、そうした異文化の味の受け皿に
なりやすい。カレーこそは世界の融和を象徴する
料理ジャンルなのかもしれません。

タイ×イスラム

ゲーン マサマン ヌァ
gaeng massaman neua
煮込み牛肉とジャガイモのカレー

ライカノ Laikanok（東京・北千住）

「マサマン」はイスラム教徒のことで、
イスラム文化圏のマレーシアに近いタイ南部で多く作られているカレー。
2011年にアメリカのCNNが選んだ「World's 50 best foods」の1位に輝き
日本でもにわかに注目を浴びるようになった。
イスラム教徒でも食べられる鶏や牛の肉で作られ、
ジャガイモやピーナッツを加えたやさしい味が特徴。

材料 (店の仕込み量)

- マサマンペースト…200g
- サラダ油…50g
- タマネギ(みじん切り)…1kg
- 牛の肩のすじ肉(ひと口大)…1kg
- ココナッツミルク…450g×3缶
- 鶏ガラスープ…適量
- ジャガイモ(ひと口大の波切り)…2kg
- ピーナッツ…50g
- ココナッツシュガー…大さじ5
- ナンプラー…大さじ2

作り方

1. フライパンにサラダ油を入れ、マサマンペーストを炒め、香りを出す。
2. タマネギと牛肉を入れ、タマネギが透明になるまで炒める。
3. ココナッツミルクを入れる。
4. 鶏ガラのスープを加えて、濃度を調節する。
5. ジャガイモとピーナッツを加えて煮込む。
6. ココナッツシュガーとナンプラーで味をととのえる。

●盛り付け

7. 器に盛り、型にとったジャスミンライスを添える。

マレーシア×中国

ラクサ
Kuala Lumpur curry lukusa

ラサ rasa（東京・銀座）

マレーシア人に嫁いだ華僑の娘（マレーシア語でニョニャ）が作る
マレーシア料理と中国料理が混じり合った家庭料理が「ニョニャ料理」。
ラクサはその代表的なもので、ココナッツミルクとカレー味のスープで麺を食べる。
「ラサ」では中華麺とビーフンを半々で合わせて盛り、
それぞれの喉ごしを楽しんでもらっている。

材料 (1人分)

ペースト
　レモングラス…4本
　タマネギ…1個
　ニンニク…50g
　カー…50g
バイマックルー…10枚
サラダ油…適量
塩…8g
うま味調味料…10g
砂糖…3g
ココナッツミルク…400㎖
魚用カレーパウダー…20g
干しエビ…50g
中華麺…適量
ビーフン…適量
卵…½個
エビ…2尾
鶏胸肉…適量
油揚げ…適量
小ネギ…適量

作り方

●下準備
1　具材を用意する。卵をゆでてスライスする。頭つきの車エビを塩ゆでする。鶏の胸肉も塩ゆでして、1cmほどの幅に切り分ける。油揚げも油抜きして同様に切り分けておく。

●作り方
2　ペーストの材料をすべて適当な大きさにきざんでミキサーに入れ、少量の水（分量外）を加えて回す。
3　漉して、汁をとりおく。
4　サラダ油を入れた鍋に3のペースト、魚用カレーパウダー（市販品）を入れて加熱し、塩、うま味調味料、砂糖で味をととのえる。ココナッツミルクを加える。
5　仕上げに砕いた干しエビを加える。
6　ゆでた中華麺とビーフンを器に盛り、5のスープを注ぐ。具材を盛りつけ、小口から切った青ネギを散らす。

日本×インド

カレー南蛮

上野藪そば（東京・上野）

鴨南蛮そばをベースとし、カレー粉を加えたカレー南蛮は
明治末から大正にかけて誕生したといわれる日本オリジナルの麺類。
さらにここからカレーうどんが派生し、いまや専門店もあるほどの人気だ。
「上野藪蕎麦」では手打ちのきしめんやうどんでもカレー南蛮を提供しており、
その場合はカレールーを多めにしてそばの場合よりも味を濃くしている。

材料（約7人分）

カレールー
- 薄力粉…200g
- カレー粉…30g
- 水…460㎖

盛りつけ（1人分）
- カレールー…65㎖
- 甘汁…360㎖
  - 甘元…180㎖
  - 二番だし…180㎖
- 鴨の胸肉…適量
- 白ネギ…適量

作り方

●下準備

1. ボウルに薄力粉を入れ、カレー粉を加える**A**。だまにならないようにボウルの壁伝いに水を少しずつ加え、泡だて器でよく混ぜてカレールーとする**B**。
2. 甘元を鍋にとり、同量の二番だしで割って甘汁（かけ汁）を作る。
    * 甘元は甘汁のベースで、かえし（砂糖を溶かした醤油）1升6合、ミリン1合4勺にサバ節からとっただしを合わせて1斗としたもの。
3. 甘汁が沸いたらきざんだ鴨の胸肉を加えて火を通す**C**。カレールーを加える**D**。
4. 帯状に切った白ネギを加える**E**。
5. そばをゆでて、水で締め、器に盛っておく。白ネギに火が通ったらカレー南蛮の汁をかける**F**。
    * 冷たいそばの「カレーせいろ」の場合は、甘汁8に辛汁（もりそば用のつゆ）2の割合で加えた汁180㎖に、鴨肉40gとカレールー35gを加えてつけ汁を作る。

カレー店を始めるのに必要なこと

colum 1

　まずあなたが始めたいカレー店は、具体的にどんな営業スタイルなのかを頭に描いてみよう。客席フロアと厨房が壁で仕切られた通常のレストラン、カウンター席のみのオープンキッチンの店、カレー弁当をテイクアウトで販売するそうざい店、配達用スクーターにカレーを積んで宅配するデリバリー販売店……。また、それらの業態を複合した店舗も考えられる。

　カレー店に限らず、飲食店の出店を計画するときには、どのような業態で営業したいのか、どういうメニュー構成を組むのかといったコンセプト作りからスタートしていく。

　店を開業するには一人だけではできない。店舗物件を扱う不動産屋、店舗を作るデザイナー、厨房機器メーカー、施工業者、食材の仕入れ業者、融資をする金融機関、それに営業許可を出す所轄の保健所など、いろいろな関係者に店のコンセプトを説明し、相談しながらひとつひとつ課題を処理し、開業という運びになる。これらの作業をスムーズに進行させていくためにも、店のコンセプトをしっかりと描くことが大切となる。

　物件が決まったら、店のデザインは店舗デザイナー、厨房機器の選択と配置は厨房機器メーカーにそれぞれ設計を依頼する段階へと進む。また、もしタンドール窯を導入する場合は、タンドールのメーカーにも設計段階から関わってもらう必要がある。カレー店もほかの飲食店と同様、消防署と保健所の営業許可を得なければ開業できないが、とくにタンドール窯（熱源は炭、ガス、電気の3種ある）を用いる場合は給・排気装置の設置に特に注意を要するため、通常タンドールメーカーの担当者が設置まで行なっている。

　設計図ができ上がったら、設計図を持参の上、施工会社に着工してもらう前に消防署と保健所のそれぞれに事前相談に出向き、問題点がないかチェックを受けることが大切だ。ガスと電気のタンドール窯は、ほかの厨房設備と同様の扱いだが、熱源が炭のタンドール窯については炉（開放炉）に該当するため、消防署に設置する前に「火を使用する設備等の設置届」を提出し、完了時の検査が必要になる。もし、問題点があれば、それぞれの担当者に設計図を修正してもらったのち、着工する。

　そして、消防署には店を使用する7日前までに「防火対象設備使用開始届」などを提出して申請し、消防検査を受けて許可されなければいけない。大規模店の場合には、防火管理者の届け出なども提出しなければならない。

　保健所への営業許可申請の手続きは、事前相談ののち、申請書類の提出、店舗検査の打合せ、店舗完成の確認検査、許可書の交付となる。

4

日本のカレー、
創作カレー

各国のいわゆる"本格カレー"の再現ではなく、
自分なりの解釈と独創性を加えたカレーを
提供しようとする人たちを紹介。
カレーだけでなく、メニューや店作りの細部にも、
そうしたこだわりが反映しています。

あちゃーる（仙台・泉区）
オムレツ・コ・タルカリ
森好宏

材料（30人前）

オムレツ
- 全卵…20個
- タマネギ（みじん切り）…400g
- ピーマン（みじん切り）…4個
- プリッキーヌ…6本
- 黒コショウパウダー…小さじ2
- 塩…小さじ2

カレー
- ホールスパイス
  - ココナッツファイン…70g
  - クミンシード…大さじ1
  - フェンネルシード…大さじ1
- パウダースパイス
  - レッドチリパウダー…大さじ1
  - ガラムマサラ…大さじ1
  - コリアンダーパウダー…大さじ4
  - ターメリックパウダー…小さじ1と2/3
- サラダ油…大さじ12
- タマネギ…2.4kg
- グリーンチリ…6本
- トマト…1kg
- 酢…大さじ2
- 塩…大さじ2
- トマトピューレ…300g
- 水…400〜600ml（濃度にあわせて調節する）

◯玄米胡麻プラウ

玄米ご飯
- 玄米…10カップ
- 水…3000ml
- 塩…大さじ1と小さじ1/2

テンパリング
- 油（サラダ油などくせのないもの）…100ml
- カレーリーフ…2枝分
- マスタードシード…大さじ1
- クミンシード…大さじ1

- 煎り白ゴマ…2カップ
- 黒コショウパウダー…大さじ1
- レモン汁…50ml
- 輪切りレモン…適量

作り方

●下準備

1 オムレツを作る。全卵を溶き、野菜と調味料を加え、混ぜ合わせる。
2 フライパンに油を敷き、薄焼き玉子のように薄く焼く。
3 1枚ずつ表と裏を焼き、皿に乗せ、ミルフイユ状に20〜30枚、どんどん重ねていく。

●調理

4 熱伝導率のよいアルミ製のフライパンに油を熱し、タマネギを炒める。
5 全体がしんなりして水分がほどよく油と馴染んだら、ミルにかけたホールスパイスとパウダーを入れて炒め、粉臭さを飛ばす。
6 グリーンチリ、トマトを入れて炒めて水分を飛ばし、全体量が半分程度になるまで30〜40分くらい弱〜中火で、時々まぜながら加熱し続ける。
7 濃度を調整しながら水を入れて、トマトピューレ、塩と酢を入れる。
8 重ねた卵焼きを四角くカットして、7に入れる。
9 卵と卵の間にカレーが入り込むように、卵焼きを崩さないように全体をかきまぜる。

◯玄米胡麻プラウ

1 玄米は米同士が擦りあうように軽くもみ洗いをして表面にキズをつける。玄米の表皮にキズをつけることで水分が浸透して柔らかく炊き上がる。
2 きれいな水に半日ほどつけて玄米を発芽させる。
  ＊玄米は低農薬や無農薬栽培のものが望ましい。そして必ず発芽する玄米を選ぶこと。
3 発芽させた玄米を分量の水と塩を入れ炊く。
  ＊玄米の炊き方と水加減はいろいろなものを参考に自分に合った方法で炊くとよい。慣れるまでコツがいるので、他のおかずとの兼ね合いやガス釜や電気釜の差異をつかみながら、炊きあがりの固さを調整する。
4 分量の油を熱し、温かくなったところにカレーリーフ、マスタードシード、クミンシードを入れてテンパリングする。気泡が出てきて香りが移ったら火を止める。
5 煎った白ゴマと黒コショウパウダーを4に合わせる。
  ＊自分でゴマを煎る場合は市販の煎りごま程度までにとどめ、色がつくほどまでは煎りすぎないこと。
6 炊きあがった玄米に5のゴマを混ぜる。
  ＊入れるゴマの分量で食味が変わるので、好みで調整するとよい。
7 最後にレモン汁を回しかけて、薄く輪切りにしたレモンを飾る。

（左）調理担当のえみ子さん。（中）店内にはテーブル席が4つ。好宏さんとのカレー談義を楽しみに、遠方から訪ねる人も多い。（右）試食の中から3種のカレーが選べる「サントゥスタ・フヌ・タール」。「固くしまっていてカレーに最適」と選んだ「つがるロマン」のライス。ラッサム、ワダ、夏野菜のチョエラ、大根のパチャディ、トマトのアチャールなど「おかず」も豊富。

仙台駅から北へ約10キロ。泉区の高森団地内にある元は中華レストランだった物件に、東京から8年前に移転して開業した。

「あちゃーる」を訪れたお客は、まず5～6種のカレーを少しずつ試食する。子どもからカレーマニアまで、その日用意した中で一番好みに合ったものを食べてもらえるようにと、森夫妻が、10年間続けてきたやり方だ。「サントゥスタ・フヌ・タール」は、試食から選んだカレー3種、辛味の少ないダールか辛いラッサムのいずれか、ライスの分量をチョイス。さらに「うちしか作らないおかず」（森さん）がいっぱいついてくる。大根をヨーグルトで和えたパチャディ、ズッキーニとジャガイモのタルカリ、昆布が隠し味の漬物……。店名にもなっている漬物「アチャール」のバリエーションはとてつもなく広い。インド、ネパールのどちらの要素も入り、料理の国籍にはこだわらない。

まずはご飯にダールかラッサムを加えて混ぜ、野菜の漬物も合わせて混ぜ、カレーも混ぜて、自分の好きな味をその場で作っていく。好宏さんのレクチャーを受けながら、自分の好みの味を見つけるス

（左）その日用意したカレーを全種類試食できる。（上左から）キーマカレー、チキンカレー、卵焼きのカレー、ゆで卵のカレー、ナスと長ネギのヴェジカレー。（右）「ネパールの餃子」と呼ばれるモモを、あえて餃子と同じ形に。トマトのアチャールをかけて提供する。

タイルが、人気を呼んでいる。

　どんな「おかず」を作るかは、有機野菜のセットが届く毎週金曜日に決まる。「開けるまで、何が入っているかわかりません」と話すえみ子さんが、箱を開けた瞬間から料理がスタート。ジャガイモとトマト、大根は重要で、そこから抽出される味を生かすために、アクは取らない。たとえインド、ネパールにはない野菜でも、「今、目の前にある素材をとことん生かす」精神を重んじて料理する。

　好宏さんがインドやネパールの料理人に「一番好きなカレーは？」と尋ねた時、大部分の人が作ってくれたのは卵のカレーだった。そんな経験がベースとなった「オムレツ・コ・タルカリ」は、薄焼き卵をクレープのように何枚も積み重ね、カレーソースと合わせたもの。

　身近で新鮮な日本の素材に、インドやネパールの人たちの知恵を生かして、味わう人が納得できるスタイルで。東京・向島から仙台へ移って8年、森夫妻の探求は、ずっと続いている。

森好宏さん（右）とえみ子さんは、小岩「サンサール」でネパール料理の魅力に開眼。

あちゃーる

HI, HOW ARE YOU（横浜市・日吉）
チキンカレー
萩谷雄一

材料（約25人分）

- タマネギ…3kg
- サンフラワーオイル…350ml
- ニンニク(すりおろし)…大さじ4
- ショウガ(すりおろし)…大さじ4
- 鶏手羽元肉…4kg
- Ⓐ(漬け地)
  - ヨーグルト…400ml
  - ニンニク(すりおろし)…大さじ2
  - ショウガ(すりおろし)…大さじ2
  - クミンパウダー…大さじ2
  - ターメリックパウダー…大さじ2
  - ナムプラー…220ml
  - 中国醤油(老抽)…20ml
- Ⓑ(スパイス類・すべてホールの状態)
  - 花椒…5g
  - クミン…28g
  - クローブ…17g
  - コリアンダー…30g
  - カルダモン…25g
  - 黒コショウ…18g
  - 白コショウ…12g
  - メース…4g
  - シナモン…3本
  - カシア…5g
  - フェンネル…4g
  - フェヌグリーク…10g
  - ローズマリー…12g
  - トウガラシ…2本
- サンフラワーオイル…適量
- 陳皮(顆粒)…大さじ1
- 塩…52g
- ホールトマト(ピュレ状にする)…1200ml
- 水…3800ml
- ココナッツミルク…1000ml
- バイマックルー…ひとつかみ
- サンフラワーオイル…45ml
- Ⓒ(仕上げ用スパイス・すべてホールの状態)
  - コリアンダー…小さじ1
  - マスタードシード…小さじ1
  - フェンネル…小さじ1

盛りつけ

- ご飯…250g(大盛りの場合は350g)
- 鶏手羽元肉…2本
- カレーソース…約200ml
- 白ゴマ…適量
- ドライパセリ…適量
- 揚げ麺…適量

作り方

●下準備

1. タマネギは繊維に添って薄切りにする。フライパンにサンフラワーオイルを入れて熱し、ニンニク、ショウガを加えて中火で約1時間、木べらで混ぜながら炒める。途中で焦げつきそうになったら、水少量を加える。このまま次の調理工程に進んでもよいが、冷蔵保存し翌日に作業を再開する。
2. 鶏手羽元をⒶの材料に漬けてひと晩おく。

●調理

3. Ⓑのスパイス類をフライパンで香りが出るまで乾煎りし、粗熱をとる。これを電動ミルでパウダー状になるまで挽く**A**。摩擦熱を冷ますため、時々スイッチを切り、上下を返しながらまんべんなく挽く。ボウルなどの容器に移し、粗熱をとっておく。
4. サンフラワーオイルをフライパンに入れて熱し、1のタマネギと陳皮を加えて、香りが出るまで炒める。3のスパイス類を加え、さらに炒める**B**。途中で焦げ付きそうになったら適量の水を加えてこそぎ落とす。
5. 全体になじんで香りが立って来たら塩を加えて混ぜる**C**。2の鶏手羽元を加えて、表面に脂が浮き出てくるまでさらに炒める**D**。
6. ミキサーでピュレ状にしたホールトマトと水、5に加える**E**。さらにココナッツミルクとバイマックルーを加え、表面に油が浮いてくるまで約1時間煮込む。
7. 味をみて必要ならば塩を加えて味をととのえ、火を止め、鶏手羽元を取り出す**F**。鍋のソースはシノワでしっかりと漉し**G**、一部は容器に移した鶏手羽元にかけて冷蔵保存する。
8. フライパンにサンフラワーオイルとⒸのスパイス類を加えて強火にかける。マスタードシードの跳ねる音が消えたら火を止め、7の漉しておいたソースに加える**H**。
9. 手早く混ぜてソースと油を乳化させ**I**、容器に移して冷蔵保存する。

●仕上げ

10. 国産のはざ掛け米にバスマティライス1割を加え、固めに炊いたご飯を皿に盛る。7の鶏手羽元をのせ、ガスバーナーで焦げめがつくまで炙る。
11. 小鍋で温めた9のソースをご飯の周囲に流し、白ゴマと乾燥パセリを散らす。揚げ麺を添えて提供する。

（左）店名の由来はダニエル・ジョンストンのアルバムから。音楽やアートの好きな学生客やアルバイトも多く、入口のドアのイラストはお客の作品。（右）卓上にある激辛唐辛子パウダー。

　「ハイ ハウ アー ユー」の定番メニューは10種類。チキン、ビーフ、キーマ、豆に加えてパキスタン家庭風チキンカレーや、チキチキキーマなどがあり、いずれもベースのカレーソースが異なっている。ベースのカレーを数種類に絞り、具材で変化をつける店も少なくないなかで、この多彩さはユニークだ。また、「『本場の味』の再現は現地志向のお店に任せ、僕は僕のカレーを提案したい」というのが、店主の萩谷雄一さんの考えだ。

　音楽関係の仕事に着いていた萩谷さんは、もともとカレー好きだったが、2011年の同店の開業時には「ビーフ」「キーマ」などの定番のカレーと、それぞれに理想とする味わいがイメージできていた。開業後も多くの店を食べ歩いて、メニュー作りのヒントにしており、「スパイスが主役になっていれば、幅広い意味ではカレー」と、定番の他に「カレーうどん」や「ベーコンエッグカレー」などの差し込みのメニューも幅広く提供している。

（上）「濃厚辛口チキンカレー」は、チキンカレーの発展形。麺つゆとトマトで旨みを加え、フライドポテトをミキサーにかけて加えてとろみをつける。（下）「ベーコンエッグカレー」はチキンカレーにベーコン入りのスクランブルエッグとインゲンを加えた、差し込みのメニューだ。

（左）大理石の丸形スピーカーや楽器などがさりげなく置かれた店内。（右）大量のスパイスを使い、短時間に仕上げるキーマカレー、クローブを効かせて煮込むビーフカレー、水を入れずに煮込むパキスタン家庭風チキンカレーなど定番のカレーはそれぞれ異なる製法で10種類が揃っている。

　目指すのは「輪郭のはっきりした、隙間のあるクセになる味わい」。その一例として、萩谷さんはどのメニューにもガラムマサラを加えない。ガラムマサラを入れるとカレーらしさは出るものの、均質な味わいになってしまうからだ。チキンカレーは、ベースとなるカレーソースのスパイスの他に、仕上げに加えるコリアンダー、マスタードシード、フェンネルの香りが効いている。

　一人で複数のカレーベースを仕込むのは容易ではないが、終日営業をし、つねに厨房の傍らで調理を続けることでこれを実現している。また、東急東横線の日吉駅から徒歩数分という立地で、住宅地や大学を後背に控えているため、アイドルタイムの来店客も多く終日営業は集客にも役立っている。駅からは近いものの雑居ビルの3階でフリのお客はまず見込めない場所にあるが、カレーの評判を聞きつけて来店するお客に加えて、それぞれのメニューに根強い地元のファンがおり、16席の店内はつねに活気に満ちている。

音楽雑誌のライターなどを経て独立。カレー作りはすべて独学。「なので基本的にまちがってます」（萩谷さん談）

HI, HOW ARE YOU

3

Spice of Life(大阪・箕面)
野菜カレー
吉田光寛

材料（約6人分）

- マスールダル(軽く洗う)…0.5カップ
- 水…600mℓ
- ターメリック…少々
- 塩…ひとつまみ
- ナス(角切り)…1本
- メイクイーン(角切り)…3本
- サラダ油…大さじ2
- スパイスⒶ
  - マスタードシード…小さじ⅓
  - クミンシード…小さじ½
  - フェヌグリークシード…小さじ¼
  - ヒング…少々
- タマネギ(薄切り)…½個
- ニンジン(拍子木切り)…1本
- カレーリーフ…7〜8枚
- 甘長ししとう(小口切り)…2本
- ニンニク(おろし)…小さじ1.5
- ショウガ(おろし)…小さじ1
- ホールトマト(カットタイプ)…200g
- スパイスⒷ
  - ターメリック…小さじ1
  - コリアンダーパウダー…小さじ2.5
  - レッドチリパウダー…小さじ⅓
- カブリチャナ(ヒヨコマメ。柔らかくボイルしたもの)…大さじ2
- 水…300〜400cc
- 塩…小さじ⅔

作り方

●下準備

1. マスールダルは一度水気を切り、鍋に移して3倍量の水、ターメリック、塩を加えて煮る。柔らかくなったら泡立て器などを使って、豆を軽く潰しておくA。
2. ナスとメイクイーンは、角切りにして水に浸けておく。
   ＊野菜は季節によってピーマンや生のトマト、レンコン、ダイコンなど入れ替わる。

●調理

3. 鍋に油を入れて火にかけ、マスタード、クミン、フェヌグリーク、ヒングの順に入れるB。
4. スパイス全体から小さな泡が出だしたらタマネギを炒めるC。
5. 3分ほどしたらニンジンを炒める。
6. ニンジンに火が通ったらカレーリーフをもみながら入れるD。
7. ナスとメイクイーンの水気を切り、6に加えるE。
8. 甘長ししとう、ニンニク、ショウガを入れるF。
9. ホールトマトを加え、ざっと混ぜたらスパイス2のすべてと塩を入れるG。
10. 1のダルとカブリチャナを9に加え、ひと煮立ちしたら火を止めるH。

（上）店内は流木、小学校の椅子、アジア各地の雑貨、石油ストーブなどすべてリサイクル品でオブジェされている。入口横の棚にあるスプーンやアクセサリーの彫金は径子さんの作品。（右）国道沿いといってもメインはバイパスでこちらは本道なのに脇道のような存在。

（左）メニューはダンボールの切れ端。辛口キーマ500円、バターチキンカレー400円、マライティッカ150円、ラッシー100円など。（中）ナンは通常の3分の2くらいのボリュームで女性も安心。追加1枚100円だからお代わりする客も多い。カレーの器やコップは紙製。食事を終えたらゴミを捨てトレイは所定の棚に戻す。箱で大量にテイクアウトしていく勤め人や主婦も多い。（右）径子さん自信作のチャイアイスクリーム200円。

　2007年、大阪北部を走るR171沿い、たこ焼き屋の跡地に吉田光寛さんと奥様の径子さん二人で店を造った。3戸ある真ん中の店舗で広さは6.5坪。たこ焼きの鉄板がタンドールに入れ替わり、ナンやチキンが焼ける香ばしいにおいでお客を迎えるようになった。

　毎朝6時に店に入り炭の火を熾し、何kgものナンの生地を汗だくになりながら打つ。野菜を切り分け、カレーを煮る。径子さんもカバブを下焼きしてアイスクリームを仕込む。午後は自転車で仕入れに出て、夜はチキンとビール目当てのお客を迎える。カレーは300円から、焼きたてナンが200円、タンドリーチキンが100円という驚愕の下町価格。とはいえここは中心地梅田から宝塚線に乗って30分ほどの郊外。日本人のタンドール職人というだけでも珍しいのに、メディアやSNSに注目されることもなければ、自らが声をあげて触れ回る性格でもない。淡々と仕事を繰り返すうち少しずつ近隣のリピーターが増えていくというスローな発進だった。

人気のオリジナルホットオイル400円、マサラ七味350円。

　そして2009年に長男が、3年後に次男が誕生。図ったかのように翌年に大きな転機が訪れる。隣の店舗が空き、大家が両方借りないかと誘ってきたのだ。悩んだ末に承諾。壁を抜いての大改装に踏み切る。キャッシュオンデリバリーのセルフ化も決行した。

　「一人でまわすにはちょっと広すぎるなと思いまして。そこで、ふと昔ニューヨークを旅した時に見たデリカキッチンを思い出したんです。日本人もそろそろセルフに慣れてきたし、インド料理でこういうのがあってもいいんじゃないかなと思って」。

　現在はカウンターも広くなりテーブルも設けた。そしていつのまにか、特に週末や祭日には歩道にお客が溢れることも増えた。町で祭りなどがあると客足がぴたっと止まるほどの地元密着ぶりである。メニューは北インド式のグレイビーマサラやキーマ、カバブやチキン、そして家庭的な野菜カレーなどといたって王道。寡黙に地道にコツコツと進むという古風なスタイルで新時代を切り開いている。

「私もタンドールできるで」「でもナン打ちはでけへんやんか」という気取りのない調子の吉田夫妻。

Spice of Life

4

モリ商店（大阪・西天満）
ひき肉とれんこんのカレー
森弘崇

材料 (約15人分)

- レンコン…約600g
- レモン汁…適量
- 水…適量
- タマネギ(薄切り)…1.2kg
- ホールトマト…1.2kg
- ニンニク(おろし)…60g
- ショウガ(おろし)…60g
- 鶏胸挽肉…2kg
- サラダ油…400ml(量は好みで)
- スパイスⒶ
  - シナモンホール…10g
  - レッドチリホール…2本
- スパイスⒷ
  - ターメリック…12g
  - カイエンペパー…4g
  - コリアンダーパウダー…50g
  - クミンパウダー…60g
  - パプリカ…15g
- ブイヨン…2～2.5ℓ
- 塩…40～45g
- ケチャップ…70ml
- 醤油…140ml

作り方

●下準備

1. レンコンを幅1～2cmのぶつ切りにしてレモン水に浸ける。
2. タマネギを薄切りする。ニンニク、ショウガはおろしておく。
3. ホールトマトを手で握りつぶしておくⒶ。

●作り方

4. 鍋に400ml以上の量の油を入れて火にかけ、スパイスⒶを揚げるように加熱するⒷ。
5. スパイスから小さな泡が出始めたらタマネギを入れて強火で20分ほど炒めるⒸ。
6. この間に別のフライパンにサラダ油(分量外)を入れ、鶏挽肉を半量だけ加えて炒めるⒹ。肉の塊が残るように大雑把にほぐしながら炒め、全体が白くなったら火を止めるⒺ。
7. 5のタマネギがしんなりとなったらニンニクとショウガを加える。
8. 全体が茶褐色になり、最初の半分くらいの量になったらトマトを加えるⒻ。
9. 5分ほど炒めたらスパイスⒷと塩を加えて混ぜる。
10. ブイヨンを500mlほど加えてよく混ぜる。
11. 鍋に生の鶏挽肉を加えるⒼ。よく混ぜたらブイヨン1.5ℓも加える。
12. 肉に火が通ったら、すでに炒めておいた鶏挽肉も加えるⒽ。
13. 残りのブイヨンを使うなどして好みの水分量に調節する。30分ほど煮込む。
14. レンコンの水気をよくきり、バットに平たく延べ、適量の油をかける。
15. オーブンでじっくりと焼くことで歯ごたえを出すⒾ。
16. カレーを仕上げる。ケチャップと醤油を加え30分ほど煮て、塩で味をととのえる。

●盛り付け

17. 一人分ずつ小鍋にカレーとレンコンを合わせて温める。もやしのサブジ、タマネギのアチャールを添えて盛る。

全面ガラスの壁や店頭の産地を明記したボードも安心感の源。

なすのピクルスやクミンが利いたポテトサラダ、ミニチャイなど各プラス100円で追加できる。ごはん大盛りはプラス50円。

　モリ商店の看板メニューは「ひき肉とれんこんのカレー」。レンコンのしゃくしゃくとした歯応えと鶏肉のふんわりとした食感が交じり合う。スパイスはでしゃばらず、縁の下を支える柱だと考える。単なる素材の組み換えや奇をてらうのではない。あくまで基本に倣いつつ、ひと工夫を凝らすのが店主の森弘崇さんのスタイルだ。たっぷりの油でタマネギをフライドし、深みのあるスパイスで組み立てるのは基本的な北インドのパターン。しかしレンコンは歯応えを強調するために、先に油をまぶしてからじっくりとオーブンで焼きあげておき、食べる直前にあわせるという独自の技が加わっている。また国産のふっくらとした甘い米との相性も考えて醬油を使う。
　「昔働いていた厨房にはインド人やバングラディッシュ人もいて、技がどうのこうのよりも、やっぱりその味で育った者にはかなわないんですよ。例えば、作れなくても味噌汁の味を身体で記憶している日本人のように。こりゃ同じ土俵ではダメだと思いました。日本

メニューや看板の飽きがこない絵は、奥様の美和子さん作。

（右）カウンターの中を素早く行き来する森さん。（中）茶色と白色のシンプルな造りの店内で、イラスト入りの小さなメニューが和やかな気分にしてくれる。「牛すじのじんわりカレー900円」は割烹着姿の浪速のオカン。「ベトナム風チキンカレー900円」は笠帽子をかぶるアジア女性など。当初は奥様も店で働いていたが2011年長女に恵まれ、現在は育児中。

人の自分にしか出来ないものを作らなきゃと」

　1971年の生まれ。勤めていた営業職を28歳で退職し、意を決して31歳で調理師学校へ入学。アジア各国を点々と旅した後、東京の某有名インドカレー店で5年ほど務め、2009年38歳でようやく夢だった独立開業を果たした。

　店があるのは昔から古美術商や法律事務所などが林立する大阪では希少な大人の街。主な客層は地元の勤め人でリピート客が多い。つかず離れずの接客もあって女性一人客の姿もよく見受ける。

　「この街に支えられてるんだなと最近よくそう感じます。派手なことは何もないですけど、やっぱり深みがあるというか。何年経っても居心地がいいんですよ。自分に合ってるんでしょうね」

　自宅のある奈良から毎朝始発電車での通勤。レギュラーメニュー4種類とたまのスポットメニュー1、2種類を仕込むのがルーティーンワークだ。飽きが来ないカレーは忍耐強さから生れている。

「レンコンの串揚げが大好きで、あの歯応えがなかなか出なくて試行錯誤を繰り返しました」という森さん。

モリ商店

5

CURRY 草枕（東京・新宿3丁目）
チキンとナスのカレー
馬屋原亨史

材料

カレーベース
- タマネギ…20kg
- 塩…200g
- 油…2kg
- ホールトマト…700g
- ショウガ(ペースト)…50g
- 水…適量

具材
- 鶏もも肉…9kg
  - ニンニク…適量
  - 塩…適量
  - コショウ…適量
  - ローリエ…適量
  - ローズマリー…適量
- ナス…適量
- 赤ピーマン…適量
- 緑ピーマン…適量

仕上げ
- カレーベース…180g
- 香りのスパイス(クローブ、カルダモン、コリアンダー、ニンニクパウダーなど10種類のパウダースパイスをミックスしたもの)…5g
- 辛味のスパイス(チリパウダー、コショウ、マスタードパウダー)…1g〜
  ＊お客指定の辛さ番号によって調整。
- ミリン…適量
- 濃口醬油…適量

作り方

●下準備

1. タマネギを大根おろし用の機械にかけて、すべてペーストにする**A**。
2. 寸胴に入れ、塩、油を加える**B**。
3. ホールトマト、ショウガのペーストを加える**C**。
4. 水を加え、ときどきかき混ぜながら1時間煮る**D**。煮込み終わったら冷蔵庫で一晩おく**E**。
5. 具の鶏肉を準備する。鶏手羽肉にニンニクのペースト、塩、コショウをまぶし、よくもみ込む。
6. 水を張った真空保温調理器に**5**を入れて、ローリエ、ローズマリーを加え、火にかける。
7. 沸騰したら火を止め、3時間おいてゆっくり火を通す。
   ＊真空保温調理器を使うことで、低温で火が通り、柔らかく仕上がる。また光熱費の節約にもなっている。

●調理

8. オーダーが入ったら**4**のカレーベースを小鍋にとり、温める。香りのスパイスを加える**F**。
9. 辛味のスパイスを加え、ミリン、濃口醬油で味をととのえる**G**。
10. 具のナスを輪切りにし、フライパンでソテーする**H**。短冊に切った赤と緑のピーマンもソテーする。
11. **9**の小鍋に**7**の鶏もも肉を入れて温め、味をなじませる**I**。
12. 皿に盛り、**10**のナスを並べ、赤と緑のピーマンを飾る。

(上)北海道和寒町で大学の先輩が育てている、大粒品種の米「大地の星」。食感が固く、噛んでいるうちに口に広がる甘みが特徴。
(左)海老とプチトマトのカレー(950円)。カレーに溶けたエビのだしと合う、オレガノを散らしている。

　新宿のはずれのスープカレー店「草枕」の主人、馬屋原亨史さんのカレー愛は筋金入りだ。北海道大学在学中、先輩に連れられて入った店でスープカレーの存在を知り、その魅力に目覚め、北大カレー部の三代目会長に就く。1990年代、まだ現在のようにスープカレーがブームになる以前のことである。
　北大カレー部とは、400人もの北大生が暮らす恵迪寮の自主活動の一つで、寮が1部屋10人単位で構成され、半年ごとに部屋のメンバーが入れ替わる仕組みを利用して、同じ趣味の寮生たちが集まって行なうもの。カレー好きばかりが1部屋で暮らすカレー部は、交代で自炊する食事はすべてカレー縛りで、それも市販のルーを使わずにスパイスから作るというのが決まりだった。さらに外食もカレー店を食べ歩くという、毎日が合宿のような活動が半年間も続いた。
　卒業後もその情熱は冷めることはなかった。いったんは大阪のセンサー関係の会社に就職するが、後輩のスープカレーの店の開業を手伝ったことをきっかけにプロの道に進むことを決意。3年間の会社勤めの給料を開業資金として、2007年に念願の「curry　草枕」をオープンした。
　店で提供するカレーは、馬屋原さん自身が食べたいと思う味。カレー部時代に通った札幌の名店ミルチやサボイを目標とした。ニンニクは使わないが、代わりに大量のタマネギをベースとする、スープカレーとしては特殊な手法だ。さらにカレーと合わせる米にも気を配る。大学の先輩が減農薬で栽培する米「大地の星」を、30分から1時間おきに炊き、常に炊きたてで提供するようにしている。
　2013年には前の店から1ブロック先の現在地に移転し、3倍の広さとなった。それにともなって増えたスタッフの中には、馬屋原さんのようにカレーの魅力に目覚め、独立を果たした者も現れた。大学時代の馬屋原さんがそうであったように、カレーにかける情熱は確かに後輩へと受け継がれ、広がっている。

店のコーナーに設けた掘り込み式のテーブル席はカレー店としては特殊な和の空間。席を囲むパネルも椅子部分も馬屋原さんの手作りだ。

会社員時代に多くの建設現場で監督を務めた経験を生かし、自ら内外装や水道工事を手がけて開業。当時はカウンターとテーブルの7坪の店だったが、6年後に移転して20坪に。ただし席数は10席から20席と2倍に抑え、広い空間を生かした店作りを行なった。

旅好きで、中東を3カ月放浪したこともある馬屋原さん。店名の「草枕」には旅に対する想いがこもっている。

CURRY 草枕

6

大岩食堂(東京・西荻窪)
天然真鯛のコランブ
大岩俊介

材料

スパイスⒶ
- フェヌグリークシード…9g
- クミンシード…9g
- マスタードシード…9g
- カレーリーフ…9g

タマネギ（みじん切り）…1kg
ニンニク（みじん切り）…80g
塩…約10g

スパイスⒷ
- コリアンダー…40g
- パプリカ…20g
- チリパウダー…6g
- ターメリック…8g

トマトダイスカット…1kg
タマリンド…60g

タイのだし
- タイ（2kg台）のアラ…2尾分
- 水…2ℓ
- タマネギ…1個
- ニンジン…1本
- ベイリーフ…1枚
- 黒コショウ（ホール）…3g

タイの切り身…2kg
- 塩…適量
- ターメリック…適量
- チリパウダー…適量

コリアンダーリーフ…適量
バスマティライス…適量

作り方

1. 最小限の量のサラダ油をフライパンに入れ、強火にかけ、スパイスⒶを加えてテンパリングする（10頁参照）。
2. タマネギのみじん切り、ニンニクのみじん切りを加えて炒める Ⓐ 。塩を加え、焦げ付きそうになったら水を足す。
   ＊塩を加えると炒め時間が短縮される。タマネギは水分量に個体差があるので、火力を調整する。
3. タマネギが透明になったら、スパイスⒷを加えて1分間炒める Ⓑ 。
4. トマトを加える Ⓒ 。
5. タイのアラとそのほかの材料を水から3時間煮てタイのだしをとる。漉しただしにタマリンドを浸け、もんで押し出し、タマリンドウォーターとする Ⓓ 。
6. ザルで漉しながら 4 にタマリンドウォーターを加える Ⓔ 。
7. 強火で5分間煮る Ⓕ 。
   ＊量が少ないので、油は分離はしない。強火で煮ることで煮汁と乳化させる。
8. タイの切り身には塩、ターメリック、チリパウダーをあらかじめふっておく Ⓖ 。
9. タイの切り身を 7 に加えて加熱し Ⓗ 、火が通ったら、コリアンダーリーフのみじん切りを加える。
10. 器に盛り、コリアンダーリーフの葉先をのせる。ゆで上げたバスマティライスを添える。

女性の一人客も入店しやすい、カフェのような店内。エスニック色を抑えた、シックな内装で、カウンター4席、テーブル10席。店の一角のアンティーク風の棚には、オリジナルのコショウのピクルスや紅茶、カレー素材などの商品を並べる。

　大岩俊介さんのカレーに対するアプローチは、「インド現地のものそのままではなく、自分のフィルターを通して再構築する」というスタンスだ。「天然真鯛のコランブ」は、インドのように魚をカレーで煮込んだりしない。イタリア料理店がポワレした魚の焼汁でソースを作るのと同じ感覚で、タイをさっと煮て、その旨みをカレーに移す。また、タマリンドウォーターは、タイのアラからとっただしがベース。まさに日本人にしか作れない、独自のカレーである。

　それでいて自分の料理を一方的に押し付けるのではなく、店のメニューはわかりやすさと注文しやすさを第一に心がける。2014年の開業から2年経ち、メニュースタイルを一新。基本のカレープレート（サンバル、ラッサム、サラダ、バスマティライス、パパド）に、「本日の選べるカレー＆おかず」のリストから選んで自由に組み合わせる形にした。ご飯と味噌汁のセットに好きなおかずを組み合わせる食堂のような「東京スタイルのミールス」を提案している。

イタリア料理店やカフェの経験もある大岩さん。東京・八重洲の「エリックサウス」で3年務め、独立。

大岩食堂

5
地方発の
オリジナルカレー

カレーをこよなく愛する国民性から、日本各地で
生まれたご当地カレー。そのなかでも
地域文化として支持を集め、確かな
料理ジャンルとして根付くのに成功したのが
札幌のスープカレーと門司の焼きカレーです。

知床鶏スープカレー
札幌らっきょ（札幌・西区）

「知床鶏スープカレー」は、肉と野菜の旨みがベースのスパイシーなスープに
別調理したチキンレッグと野菜を添えた、店のベーシックメニュー。
澄んだスープをしっかり沸かして旨みを含んだ油脂を乳化させ、
大ぶりの具材を盛った器に注ぐと、スパイスが縁にリングを描く。
これがスープカレーの、ひとつの標準的なスタイルだ。
別皿のご飯をスプーンですくってスープに浸すもよし、交互に口に運ぶもよし。
多彩なトッピングや辛さの度合いなどをカスタマイズする楽しみもある。

材料 (スープ材料は約70皿分)

スープⒶ
- 水…36ℓ
- 牛骨、豚骨、牛スジ合わせて…12kg（比率は季節や材料により調整）
- タマネギ…6kg
- ニンジン…2kg
- セロリ…3本
- ローリエ…7〜8枚

スープⒷ
- 水…20ℓ
- 鶏ガラ…6kg

ペースト
- オリーブオイル…100cc
- タマネギ…2kg
- ニンニク…適量
- ショウガ…適量
- トマトピューレ…300g
- パイナップル…1個
- クミン、クローブ、シナモン…適量

スパイスⒶ
- シナモンスティック…7g
- オールスパイス粒…6g

スパイスⒷ
- クミン、コリアンダー、カルダモン、フェンネル、フェネグリーク、シナモン（あらかじめブレンドしておいたもの）…210g

骨つきチキンレッグ…20本
- 塩…大さじ1
- ショウガ…1かけ
- ニンニク…1かけ

仕上げ (1人分)
- 骨つきチキンレッグ…1本
- ニンジン中…½本
- ジャガイモ…1個
- ピーマン…½個
- 半熟卵…½個
- スープ
  - スープベース…360cc
  - バジル…小さじ⅓
  - ナムプラー…小さじ2
  - レッドチリパウダー…適量
- ご飯（白米1：玄米2）…220g
- 海苔…2枚

作り方

1. スープⒶを作る。42ℓの寸胴にⒶを入れ、アクを取りながら煮込む。野菜と牛骨を最初に煮込み、豚骨、牛スジは最適な時間で終わるよう、時間差をつけて順に入れる。途中、水が足りなければ足して、10時間を目安に火を止める。
2. スープⒷを作る。鶏ガラは一度水洗いして鍋に入れ、分量の水を張って中火にかける。骨が崩れ始めたら、強火で白濁させる。途中3回ほど煮詰まった分だけ水を足し、4時間で15ℓを目安に炊き上げる。
3. ペーストを作る。ホールのスパイスをオリーブオイルで炒めて香りを移してから取り出しておく。そこにみじん切りにしたニンニクとショウガ、タマネギを入れて炒める。飴色になったらトマトピューレ、皮と芯を取って刻んだパイナップルを入れ、平鍋で最初から40分程度かけてペースト状に仕上げる。
4. 炊き上がったスープⒶに、3のペーストとスープⒷを加え、なじむまで煮て火を止める。
5. スパイスⒶを入れて一晩寝かせる。
6. 翌朝漉して、再び火にかけて湧いてきたらスパイスⒷを加え、火から下ろして30分以上なじませる。これが各メニュー共通のスープベースになる。

●具材の下調理

7. チキンレッグ20本を直径27cmの鍋に入れ、かぶるくらいの水（分量外）と塩を入れる。2時間つけおきしたら塩水を捨て、同じ鍋にチキンレッグを戻し、再びかぶるくらいの水と、ニンニクとショウガの薄切りを入れて火にかけ、肉に火が入ったらそのまま冷ます。

●仕上げ

8. 皮をむいた丸ごとのジャガイモと大きくカットしたニンジンはスチームコンベクションで加熱する。半熟卵は½にカットする。ピーマンは縦半分にカットして種を取る。ジャガイモ、ピーマンは提供直前に素揚げする。
9. スープベース360ccを小鍋にとり、バジル、ナンプラーを加え、辛さに応じてレッドチリパウダーも加えて沸かす。
10. チキンレッグとニンジンを鍋に入れて温め、肉をスプーンの背で軽く押すようにしてスープの味をなじませる。
11. チキンレッグを取り出し、ジャガイモとピーマン、ニンジン、ゆで卵とともに深めの器に盛り、そこにスープを注ぐ。平皿に玄米ご飯を盛り付ける。

札幌らっきょ（札幌・西区）

スープカレーは札幌で自然発生的なブームが生んだ個性派のカレーだ。小麦粉の入ったルーの代わりに、野菜やスパイスのペーストを使うのが特徴で、さらりとしたスープから香りや辛さがシャープに伝わる。つまり、パンチが効いているのに重くない。こうした魅力を「発見」した地元カレーファンの間で、1990年頃にはスープカレーがひとつのジャンルとして知られるようになった。北海道内や他県にもスープカレー店ができ、札幌で発行されるスープカレー専門誌によれば、現在市内には専門店だけで160店以上があるという。

1999年にオープンした「札幌らっきょ」は、スープカレーの中では中堅世代にあたり、このジャンルを広く知らしめた人気店。同店含め5店のオーナーで自らも厨房に立つ井手剛さんは、市内ホテルに10年勤務して宴会担当キャプテンなどを経験した後、レストランで支配人として新店舗の開発に携わった。当時人気が高まっていたスープカレーを軸に立案し、29歳で同店を引き受ける形で独立。調理担当者とともに先達の店々を食べ歩いて味の組み立てを考え、誰もが繰り返し食べたくなるよう、スープ、スパイス、具材の3要素のグッドバランスを作り上げた。中でも井手さんが「スープカレーの味の命」というスープは、牛、豚、鶏の肉系旨みと、ペーストにして加えるトマトやタマネギの旨みの融合。オリジナルブレンドのスパイスや北海道産を主体にした野菜も、一皿の要素として欠かせない。トッピングや辛さのカスタマイズなど、メニューの自由度が高いのも特徴だ。

カレーの世界の中では新参であるだけに、井手さんはスープカレー自体が「求められるジャンル」であり続けることを大切にしている。店主仲間とともに料理教室を続け、「もう一つの本業」とまで言うのは、店でも自宅でも愛される、タコ焼きやお好み焼のような存在を目指しているからだ。業界全体を見る眼は、ホテル時代に新聞全紙を持ち帰って読み、顧客の姿に学んで身につけてきた。生家が果物店だったので、様々な人の縁の大切さは身にしみているという。「スープカレーは地域と人の縁を結んでくれる料理」といい、若手店主も交えた情報交換会をつくるなど、他店や関連業界、地域の人たちと広く連携してこのジャンルを盛り上げている。

（上）2011年には家庭向けスパイス料理のレシピ本を監修。簡略化したレシピで、スープカレーが誰でも手軽に作れることをPRした。（下）レトルト商品2種、各840円。「チキン」はレッグ一本、「シーフード」は有頭エビ3尾が入っている。自社サイト、店舗、新千歳空港で販売。レシピの再現に苦心したが、メーカー商品の監修などのきっかけになった。

（左）井手さんはじめスープカレー店主たちが講師を務める料理教室は人気が高く、抽選になることも。「いずれは札幌の家庭の味になるように」という願いが徐々に浸透している。（右）子ども向けの食育講座や地域食材をテーマにしたイベントでも、スープカレーは人気のプログラム。地域の人々との活動は、仕事の広がりや持続性のためにも大切な要素だ。

（写真提供：ティーツーワイジャム）

「チキンと夏野菜のスープカレー リコッタチーズ添え」1300円。トマトの旨みを加えたスープカレーにリコッタチーズを溶き入れて食べる。支店近くのチーズ工房との縁で生まれた。

（右）客席は明るく誰でも入りやすい雰囲気。客層は井手さんの願った通り、カップルから三世代のファミリーまで幅広い。（上）（有）スパイスゴーゴー代表取締役の井手剛さんは、1968年札幌出身。ホテル勤務などを経て開業し、北海道3店舗、東京と横浜各1店を直営。2005年にスープカレーの素をハウス食品と共同開発。日本スープカレー協会理事。

ベジタブルスープカレー
SPICE RIG香楽(札幌・豊平区)

スープカレーの持ち味は、スパイシーで食材の旨みが詰まったスープ。
そしてもうひとつ欠かせないのが、北海道野菜の濃い味わいだ。
では、野菜だけでどこまで旨みと楽しさを表現できるだろう、と
主人の植田正人さんが工夫を凝らして生まれたのが、このベジタブルスープカレー。
和洋の旨み材料を組み合わせたスープの深いコクと、具材のボリューム。
ガツッと食べ応えのあるカレーを求める人を納得させる、満足感のある野菜料理だ。

材料

ビーガンブロス（できあがり12ℓ）
- 水…27ℓ
- 昆布…適宜
- タマネギ…1.8kg
- ニンジン…2kg
- ニンニク…5片
- ショウガ…1かたまり
- トマト…中3個
- セロリ…3本
- キャベツ…大1個
- 長ネギの青い部分…5本分
- レーズン…100g
- スパイスⒶ
  - ローリエ、白コショウ、クローブ（すべてホール）…各少々

スープ用ペースト
- タマネギ…2kg分
- ニンニクペースト
  - ニンニク…300g
  - 豆乳…適宜
- 野菜と納豆のペースト
  - ナス…10本
  - ピーマン…8個
  - 納豆…3パック
  - 植物油…少々
- ピーナッツペースト
  - ピーナッツ…100g
  - 植物油…少々

スープ仕上げ用スパイス
- ココナッツパウダー、クミン、ターメリック、黒コショウ、コリアンダー、カルダモン、フェヌグリーク…各適宜（あらかじめブレンドしておく）

盛りつけ（1人分）
- マッシュポテト…大さじ山盛り1
- ニンジン（ゆでたもの）…中⅓本分
- 枝豆（ゆでたもの）…大さじ1
- 揚げ野菜
  - カボチャ…縦薄切り1枚
  - ゴボウ10cm…3本
  - 春菊…1本
  - 片栗粉…適量
- 焼き野菜
  - ナス…½個
  - ズッキーニ…輪切り3枚
  - ピーマン…½個
  - ブロッコリ…2房
  - パプリカ（赤・黄）…各¼個
  - オクラ…1本
  - ヤングコーン…1本
  - キャベツ…50g
  - ホウレンソウ（ゆでたもの）…50g
  - トマト…½個
  - アボカド…½個
- スープ…360cc
  - シーズニングソース（タイの大豆発酵調味料）…少々
  - 辛味スパイス（辛さのオーダーに応じて入れる）
- ご飯…180g
- くし切りレモン…1個

作り方

1. ビーガンブロスを作る。寸胴の水に昆布を一晩つけ置き、昆布を取り出しておく。材料を入れて弱火にかけ、4時間を目安に40％量になるよう、こまめにアクを取りながら煮る。漉して別鍋に入れ、一晩寝かせる。

2. オニオンソテーと3種のペーストを作る。タマネギは薄切りにし、飴色になるまでソテーする。ペースト用のニンニクは皮をむいて手鍋に入れ、ひたひたの豆乳で3回ゆでこぼして臭みを抑える。ピーナッツは植物油少々を加える。ナスとピーマンは乱切りにしてソテーし、納豆は水洗いしてぬめりをとって合わせておく。3つそれぞれを、なめらかになるまでミキサーにかけておく。

3. スープを仕上げる。1のスープの表面に浮いた余分な油脂を取り除いてから、再び火にかける。

4. 2と仕上げ用スパイスを入れ、すべてがなじんだら塩で味を決める。塩の量はスープ重量の0.8%が目安。

5. 具材を調理する。ジャガイモは皮ごとゆでて皮をむき、塩、砂糖、黒コショウ各少々（分量外）も加えてマッシュポテトを作る。スープスプーン大に丸めてフライパンで焼き目をつける。ニンジンは大きめの一口大に切って鍋に入れ、かぶる程度の水に塩、砂糖、クローブ、ローリエ各少々（分量外）を加えて下ゆでする。枝豆は色よくゆで、さやから出しておく。カボチャ、ゴボウ、春菊は食べやすいサイズに切り、濡らして片栗粉をまぶして揚げる。残りの具材は食べやすいサイズに切り、フライパンでソテーする。

●仕上げ

6. 一人前のスープを鍋にとり、シーズニングソースと辛味スパイスを加えて沸かし、ニンジンも入れて温める。スープボウルに5の野菜を盛り付けてから熱々のスープを注ぎ、最後に春菊と枝豆をのせる。

SPICE RIG香楽（札幌・豊平区）

看板メニューの「天然塩仕込みチキンと野菜のカレー」は、豚骨と首ガラのスープの旨味が印象的。あらかじめ塩をあてて水っぽさと匂いを取った骨つきチキンレッグは、パリッとソテーして旨みを閉じ込める。

ベジタブルスープのボディを作るのは、オニオンソテー（上）と3種のペースト。右からニンニク、ピーナッツ、そして野菜と納豆。納豆を使うのは、テンペからの発想だ。

「SPICE RIG香楽」は、洋食出身で幅広い調理経験をもつ植田正人さんのカレー店だ。札幌住宅街で12年間ファンを集めてきた魅力は、味のバラエティにある。肉系スープ、エビスープ、野菜でとろみを出したルータイプの3種類が基本で、さらに月替わりメニューも設定。「ベジタブルスープカレー」は、月替わりメニューの中で特に人気を博した一品だ。植物性の素材のみでできたスープカレーは、質の良いだしとおいしい野菜を一皿で楽しめる、楽しさと健やかさを両立した料理としての可能性まで感じられる。

植田さんは、独立前に友人のスープカレー店をプロデュースしたのがきっかけで、自らも別のレシピで開業。料理人としてアイデアや工夫の余地があることが、スープカレーを選んだ決め手だったという。「ベーシックな調理過程を踏まえるからこその味」を大切に、フレンチやイタリアンのシェフの下で身につけた技術をもとに、ていねいにスープをとっている。

3種のスープのうち、最も多い13アイテムに用いるスープベース

植田正人さんは1963年滝川市生まれ。飲食店でのアルバイトから調理の道へ。独立をめざしてイタリアン、フレンチ、和食、バーの店長、カフェなどで経験を積み、2004年12月に同店を開業。（右）パーティションで仕切ったボックス席と、ひとり客にも快適なカウンター席の計34席。インテリアは植田さんの好みでアメリカンダイナー風。

（上）枝豆以外の具材は基本ソテーし、仕上げにのせる春菊、カボチャ、ゴボウは衣で味を閉じ込めて揚げる。他に好みで注文できる「トッピング」も。（下）ベースになる3種類のスープは豚骨鶏ガラと野菜のスープ、焼いたエビの頭と香味野菜のスープ、小麦粉をつかわず野菜と豆で濃度をつけたルーカレー。それぞれに具材を変えて複数のメニューに使いわける。

は、豚骨と鶏の首ガラが主体だ。雑味の少ないきれいなスープをめざしつつ、さらにスパイスや存在感たっぷりの具材に負けない旨みを求めて、鰹節を加えるようになった。発想のヒントは、例えばスリランカのカレーのような、海産物の旨みを生かしたスパイシーな味だ。ベジタブルスープカレーの場合も、初めは「ブイヨン・ド・レギュームのようなスープに対し、旨み野菜のペーストでボディを作る」というイメージで試作を始めたが、その後、植物性の海産物である昆布を仕込み水に使うことで深みのある味づくりに成功した。

またスープカレーの特徴のひとつに、具材やトッピングの多彩さがある。あらかじめ調理済みの具材は増減がたやすく、トッピングも各店個性的で、食べる人にとっては「カスタマイズする楽しみ」がある。香楽で人気の具材は、マッシュポテトに香ばしく焼き目をつけたもの。トッピングはかきたまごやベーコン、季節限定のアスパラなど12〜13種類をメニューにのせている。

門司港焼きカレー
プレミアホテル門司港(福岡・北九州市)

貿易港として栄えた門司港のご当地カレー。
昭和30年代に誕生した、ハイカラな洋食風の焼きカレーは、
ごはんにカレーとチーズをのせ、グラタン風にオーブンで焼き上げたもの。
カレーとグラタンの"いいとこ取り"した、コクと香ばしさが魅力だ。
トッピングの種類やルーのベースを変えるとバリエーションは無限だが、
ここで紹介するのは和牛スジ肉を贅沢に使ったホテルメイドのレシピ。
仕立ては簡素ながら"煮込み料理"としてのリッチな旨みが身上の、正統派焼きカレーだ。

材料

カレールー
- タマネギ…3kg
- ニンジン…1.2kg
- セロリ…1kg
- ニンニク…200g
- ショウガ…200g
- バター…900g
- 小麦粉…1kg
- カレー粉ミックスⒶ
- カレー粉ミックスⒷ

カレー
- 和牛スジ肉…7kg
- タマネギ…1300g
- 水…適量
- カレールー…7kg
- スパイスⒶ
  - ガラムマサラ…100g
  - ターメリック…70g
  - コリアンダーシード…10g
  - オールスパイス…6g
  - シナモン…3g
  - キャラウエイ…3g
  - フェヌグリーク…5g
  - クミン…5g
- ターメリックオイル
  - チキンブイヨン…5ℓ
  - ターメリック…250g
  - にんにくチップ…200g
  - サラダ油…2ℓ

盛りつけ(1人分)
- ご飯…180g
- ターメリックオイル…適量
- カレー…200mℓ
- チーズ…90g
- 温泉卵…1個
- パセリ(生・みじん切り)…ひとつまみ
- オリーブ油…大さじ1

作り方

●下準備

1. タマネギ、ニンジン、セロリ、ニンニク、ショウガをすべて細かいみじん切りにし、バターで約8時間弱火で炒める。
2. 水分がとんでパラパラとしてきたら、小麦粉を加えてさらに2時間、完全にパウダー状になるまで炒める。カレー粉ミックスⒶを加えて炒め、炒め終わりにカレー粉ミックスⒷを加えてカレールーを仕上げる。

●調理

3. 和牛スジ肉に塩、コショウで下味をつけてオーブンで焼き色をつける。食べやすい大きさに切り分ける。
4. タマネギをみじん切りにしてサラダ油(分量外)とともにフライパンに入れて火にかけ、3割がた水分をとばし、茶色く色づくまで炒める。
5. **3**と**4**を寸胴鍋に入れ、適量の水を加えて火にかける。3～4時間かけて、肉とタマネギが柔らかくなるまで煮込む。仕上がり時に15ℓ程度になるように水分量を調整する。
6. **2**のカレールーを加えて沸騰させる。2～3分間ぐつぐつと煮立たせ、最後にスパイスⒶを加えてなじませたら、すぐに火を止める。
7. ターメリックオイルを作る。材料をすべて合わせて煮立たせる。そのまま冷まし、漉して容器などに取り置く。

●仕上げ

8. フライパンにオリーブ油を熱し、ご飯を炒める **A**。
9. 全体に油がまわったところでターメリックオイルを適量ふり **B**、土鍋に移す **C**。
10. 温泉卵を中央にのせ、カレーをかける **D**。チーズを上面にふりかけ **E**、予熱しておいたオーブンで温める。
11. サラマンダーに移し、焼き色をつけて取り出す **F**。パセリを散らして提供する。

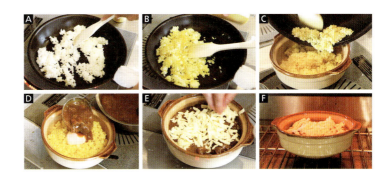

プレミアホテル門司港（福岡・北九州市）

（上）平成10年に開業。明治から昭和初期にかけて貿易港として栄えた当時の面影を残す「門司港レトロ地区」の一角に立地し、関門海峡を臨む眺望も魅力。食事利用の地元客も多い。（下）総料理長の竹中弘明さんは、福岡出身。長崎のホテルに勤務後、オープニングスタッフとして「門司港ホテル（当時）」に入社。1年後より料理長を務め、現在に至る。

九州の最北端に位置する門司港は、明治から戦前にかけて国際貿易港として栄えた街だ。当時の面影を残すハイカラな街並は「門司港レトロ地区」として保存され、休日ともなれば観光客でにぎわう観光地だ。

しかしカレー好きにとって、門司港といえば「焼きカレー」だろう。歩いて回れる広さのこの地区で、現在は二十数店が焼きカレーを提供する。ふぐやバナナなどバラエティに富んだトッピングやルーで個性を競うが、なかでも最古参がプレミアホテル門司港だ。

ホテル内のレストランで提供する焼きカレーは、昭和30年代にこの地で誕生した当初の姿と同じ「土鍋に、ごはん＋カレー＋チーズ」のスタイルを継承し、構成もシンプル。奇をてらわず、牛スジの旨みとこく、さまざまな野菜の風味が溶け合った王道の焼きカレーを追求している。

焼きカレーの提供をはじめて約20年。長い試行錯誤で生まれたのがこの味と、総料理長の竹中弘明さんは言う。

「当初はごはんにスパイシーなカレーとホワイトソースを重ね、チーズをかけて焼いていました。この構成は"洋食風"のアレンジであると同時にカレーの辛さをやわらげる工夫でしたが、それでもお客さまからは『おいしいけど、辛い』というご意見も多くありました。そこでカレー本体を牛スジの旨みを生かしたマイルドなカレーに変化させ、構成もシンプルにしていきました」

味の決め手は、九州産の和牛スジ肉とよく炒めたタマネギを長時間煮込むことで生まれる旨みとゼラチン質。タマネギ、ニンジン、セロリなどの香味野菜もたっぷり。スパイスも、甘みや酸味を感じさせるものを多めに使うことで「辛くはないが、スパイシー」なバランスを実現した。

「ホテルならではの、"煮込み料理としてのカレー"です」と竹中さん。

ちなみに2011年、よこすかカレーフェスティバルで行われたご当地カレーの人気投票で、初代グランプリを獲得したのが、この焼きカレー。旨みとコク、香ばしさで万人の味覚に訴える、最強のご当地カレーだ。

（左）大正10年竣工の旧門司三井倶楽部は、国指定重要文化財。門司港レトロ地区のランドマーク的存在だ。この歴史ある建物内のレストランでも焼きカレーが提供されている。（中・右）「門司港焼きカレー」は、北九州市肝煎りのプロジェクトだ。観光誘致の一環として、門司港発祥として知られる焼きカレーの知名度アップに注力。2007年に「焼きカレー倶楽部」を発足させ、街一丸となってPRしてきた。食べ歩きマップやのぼりなどの販促グッズも作成している。

（左）新装開店した「レッド＆ブラック」の主力はステーキだが、根強い焼きカレーファンも多いことから付け合わせとしてミニカレーを用意。2大人気商品を一度にサービス。（右上）2015年7月に全館リニューアルを実施。イタリアンレストラン「ポルトーネ」の一部を、より間口の広いカジュアルレストラン「レッド＆ブラック」としてオープンさせた。（右下）「門司港レトロ　焼きカレー」（1個572円・税込み）。カレールーとホワイトソースがそれぞれパッケージに入った詰め合わせは、お土産や通販でも好評。

ご当地カレーのグランプリを競う「よこすかカレーフェスティバル2011」では、みごと初代の総合グランプリを獲得。プレミアホテル門司港スタッフがその立役者となった。
（写真提供：プレミアホテル門司港）

5　地方発のオリジナルカレー

飲食店営業の許可でどんな商品が売れるか

　食品関係の営業許可申請の基準は、業種によって異なる。カレー店を出店する場合、飲食スペースをもつレストランの営業形態なら「飲食店営業」の許可が必要になる。客席がなく、ショーケース越しに客と対面のテイクアウト販売するそうざい店の場合も、飲食店営業の許可になる。対面販売によるそうざい店の許可と間違えやすい製造業の許可のひとつに「そうざい製造業」があるが、これは製造場所と販売場所が異なるときに製造場所で取らなければいけない許可である。

　飲食店営業の許可があれば、店内での営業のほかにカレー弁当などのテイクアウト販売やデリバリー販売もできる。ただし都内では、店内だからといって独自に配合して容器に詰めたガラムマサラなどのミックススパイスやドレッシングソースなどの持ち帰り販売はできない。もし販売したいと思うなら、どちらも調味料等製造業の営業許可が別に必要となる。

　それでは冷凍のカレーはどうだろうか。カレーは一度に大量に仕込むことが可能な商品である。容器に小分けして詰め、冷凍ストックしておけば、保存も容易で製造と販売の計画も立てやすい。

　しかし、都内では飲食店営業の許可だけでは冷凍したカレーを販売することはできない。流動状のカレーを冷凍するには容器に詰めてからでないと冷凍できないが、この「容器に詰めてから冷凍する」という作業プロセスを、都の管轄下にある保健所では「食品の冷凍業」に当たると判断しているからだ。

　カレーを冷凍して販売するには、食品の冷凍業の許可を取ることと、販売に際しては食品表示が必要になる。よく似た事例として中華料理店が自家製餃子を冷凍してテイクアウト販売しているケースがあるが、この餃子の場合はバットなどの大きな容器にまとめて入れて冷凍してあり、その一部を取り分けてバラ売りしていることから冷凍食品に該当しないと判断し、テイクアウト販売してもよしとされている。ただし、食品を冷凍して販売することに対する判断は自治体によっては異なるため、注意しなければいけない。

　カレーを冷凍して販売するには、すでに飲食店営業で営業しているカレー店であれば、新たに食品の冷凍業の許可を申請し、審査を受けて許可されなければならない。ただし、申請できるのは客席と厨房が仕切られていることが基準の一つであるため、客席と厨房が区切られていないオープンキッチンの店舗は食品の冷凍業を申請できない。

　もし申請の際に、すでに設置されている冷凍設備などが食品の冷凍業の基準を満たしていれば、設備の増設を免除される場合もある。ただし、その判断も冷凍品の販売と同様、各自治体によって異なるので注意しなければいけない。

colum 2

6
どこでもカレーを

カレーをメニューに載せているのは、カレー店や
インド料理店ばかりではありません。
いろいろな業態の店が、それぞれの技術や
特性を生かして、オリジナルの料理や
提供スタイルを実現しています。

西洋料理店　七條（東京・内神田）
秋田産豚ロースカツカレー

東京・内神田の洋食店「七條」のビーフカレーは
しっかり炒めたタマネギやニンジンとリンゴのピュレをたっぷりと使い、
その特徴は野菜と果物の甘みを生かしたおだやかな味わいにある。
店ではこれまで特にカツカレーは提供していなかったが、
カレーの自然な甘みがトンカツと相性がよいことに気づき、2015年から商品としている。
トンカツの衣付けをする際に、肉にまぶす小麦粉は薄力粉ではなく強力粉を使っており、
薄く2回つけて歯ざわりよく揚げ、カレーとご飯との三位一体をめざす。

材料

ビーフカレー（七條で仕込む分量）
- 牛バラ肉（大きめの角切り）…3.5kg
- タマネギ（薄切り）…8個
- サラダ油…300mℓ
- カレーペースト
  - ニンニク（みじん切り）…150g
  - ショウガ（みじん切り）…150g
  - カレー粉…260g
  - ケチャップ…200g
  - トマト（みじん切り）…200g
  - サラダ油…180mℓ
- ピュレ
  - ニンジン…1.2kg
  - リンゴ（皮をむき、芯を取る）…1.6kg
  - ジャガイモ（皮をむき、薄切り）…1kg
  - ブイヨン（市販品）…5.6ℓ
- 調味料
  - 塩…50g
  - 濃口醤油…100mℓ
  - チャツネ…450g
  - バター…300g
  - ガラムマサラ…16g

ロースカツ（1人分）
- 豚ロース肉…90〜100g
  - 塩…少々
  - コショウ…少々
- 強力粉…適量
- 溶き卵…適量
- 生パン粉…適量
- 揚げ油…適量
- ご飯（1人分）…適量

作り方

1. 鍋にサラダ油とタマネギを入れ、タマネギが茶色くなるまで弱火で2時間ほどゆっくりと炒める **A**。
2. カレーペーストを作る。鍋に多めのサラダ油、ニンニク、ショウガを入れて弱火で加熱し、香りを油に移す。薄く色づいてきたらカレー粉を混ぜる **B**。ケチャップとトマトを加えて炒める。
3. トマトの酸味がなくなったら、2を大きな鍋に移す。少量の水を入れて鍋肌をこそぎ、旨みを大鍋に残らず移す。1のタマネギも加える。
4. ニンジンとリンゴをミキサーにかけてピュレ状にする。
5. フライパンにサラダ油を熱し、牛バラ肉を入れて強火で表面に焼き色をつける **C**。
6. 5を3の大鍋に加える。肉を焼いたフライパンに少量の水を入れてこそげ、残った旨みも3の鍋に入れる。
7. 6に4のニンジンとリンゴのピュレ、ジャガイモ、ブイヨンを加え、弱火で3時間煮込む **D**。
8. 肉が柔らかくなったら、調味料を加え、バターが溶けたらカレーの完成。
9. 豚ロース肉は1枚90〜100gに切る。余分な脂肪を切り落とし、筋に切り目を入れる。
   *豚ロース肉は仕入れた塊を布で包み、真空パックして冷蔵庫でエイジングしたものを使用。
10. 軽く塩、コショウし、強力粉、溶き卵、強力粉、溶き卵、パン粉の順で衣付けをする **E**。
11. 揚げ油を180℃に熱して、10を揚げる。気泡が小さくなり **F**、衣がサクッとなったら取り出して油をきる。

● 仕上げ

12. 皿にご飯を盛り、切ったロースカツをのせ、温めたビーフカレーをかけ、福神漬けを添える。

6　どこでもカレーを

ホテルのコーヒーハウス　**帝国ホテル 東京**（東京・日比谷）

野菜カレー

帝国ホテルのカレーソースは、第8代料理長の石渡文治郎が昭和の初めに
パリの「オテル・リッツ」で学んだレシピを受け継いでおり
裏ごしせず野菜のつぶつぶ感を残して仕上げるのが特徴だ。
オールデイダイニング「パークサイドダイナー」の野菜カレーは
同店の前身である「ユリーカ」で十数年前から提供し始めたメニューで、
現総料理長の田中健一郎氏の創案。野菜はカレーソースで煮込むのではなく
8種類の野菜を別々の方法で調理して、色どりよくライスの上に添えている。

材料 (6人分)

- タマネギ…300g
- ニンニク…2片
- ショウガ…30g
- トマト…500g
- バター…100g
- 小麦粉…60g
- カレー粉…40g
- チキンブイヨン…1ℓ
- ブーケ・ガルニ…1束
- 塩…適量

盛りつけ(1人分)

- カレーソース…180g
- ライス…180g
- ブロッコリー…2個
- ジャガイモ…小1個
- ミックスビーンズ…25g
- チキンブイヨン…適量
- バター…適量
- カボチャ(厚さ3mmにスライス)…2枚
- ナス…½本
- エリンギ…½本
- 白ワイン…適量
- ミニアスパラガス…3本
- プチトマト…1個
- タイム…適量
- オリーブ油…適量
- 塩…適量

＊レシピは少人数分でも作りやすいようにアレンジしたもので、実際にパークサイドダイナーで提供されているものとは異なります。

作り方

1. タマネギ、ニンニク、ショウガはみじん切りにする。トマトは湯むきにして種を取り、粗切りにする。
2. バターでタマネギ、ニンニク、ショウガを少し色づくくらいまで炒め、小麦粉をふり、混ぜ合わせる。続いてカレー粉をふり入れて、香りが出るまで弱火で炒める。
3. チキンブイヨンを加えて火を強め、2を煮溶かす。粗切りのトマトを加えて煮立てる。弱火にして、ブーケ・ガルニを入れて約40分間煮続けたのち、塩で味をととのえる。
4. ブーケ・ガルニを取り除き、ソースは漉さずに用いる。
5. 適当な大きさにカットしたブロッコリーをボイルし、バターをからめる。ジャガイモを蒸し、バターをからめる。
6. ミックスビーンズをチキンブイヨンで煮込み、バターで和える。
7. 厚さ約3mmにスライスしたカボチャをサラダ油で素揚げし、塩で味を調える。ナスに切り目を入れて広げ、アバンタイユ（扇形）にする。素揚げにし、塩で味をととのええる。
8. スライスしたエリンギをオリーブ油でソテーし、白ワインでデグラセする（焼き汁を溶かす）。
9. ミニアスパラガスをボイルし、オリーブ油をからめる。
10. オリーブ油を敷いた鉄板にタイムを入れ、香りを引き出す。ミニトマトを入れ、低温のオーブンでゆっくり火を入れてコンフィとし、塩で味をととのえる。

●盛り付け

11. 皿に盛り付けたライスの上に、各種野菜をバランスよく盛り付け、ソースポットに入ったカレーソースを添える。ラッキョウの酢漬け、福神漬け、フライドオニオンを添える。

ホテル直営レストラン　レストラン　グラントック（大阪・中之島）
ビーフカレー

日本のカレーは長い間フレンチレストランを礎としてきたが、
大阪のリーガロイヤルホテルもまたその屋台骨を支えてきた一城である。
同ホテルでカレーといえばフレンチメインダイニングの『レストラン ガーデン』のもの。
残念ながら2002年に閉店したが、その技を受け継ぐ者たちは各所で腕を振るっており、
『グラントック』シェフの前田治さんもその一人である。
ブイヨンとたっぷりのフルーツを使い、長期熟成を経てショートリブとあわせる。
深いコクを持ちつつ、爽やかさと甘みが日本米とベストマッチする。

材料（約200人分・約40ℓ）

- タマネギ（細かめのスライス）…3.3kg
- ニンジン（細かめのスライス）…2kg
- セロリ（細かめのスライス）…1.33kg
- ニンニク（皮をむいてみじん切り）…213g
- ショウガ（皮をむいてみじん切り）…400g
- サラダ油…約200mℓ
- オリジナルカレー粉…0.8kg
- 小麦粉…0.8kg
- サラダ油…1.33ℓ
- 和牛のスジ肉…3.3kg
- ホールトマト（缶詰）…5.3kg
- バナナ（適度なサイズにカット）…13本
- リンゴ（適度なサイズにカット）…13個
- パイナップルジュース…1.3kg
- フォン・ド・ヴォー…10ℓ
- ブイヨン・ド・ヴォライユ…15ℓ
- 塩…290g
- マンゴーチャツネ…0.6kg

盛りつけ（1人分）
- カレーソース…約180mℓ
- ショートリブの煮込み（牛のショートリブを香味野菜、タイム、ローリエ等とともにオーブンで約4時間煮込んだもの）…約75g
- キノコ（3～4種）のバターソテー…約70g

作り方

●下準備

1. 鍋にサラダ油を入れ、ニンニク、ショウガを加えて火にかけ、香りが出てきたら香味野菜（タマネギ、ニンジン、セロリ）を加えてスュエ*1する。ごく少量の塩を加え、⅓から¼くらいの量になるまで水分を飛ばしながら甘味を引き出す。
2. カレールーを作る。油を軽く温め、小麦粉を加え、よく混ぜ合わせてオーブンに入れ、ブロンド色のルーを作る。粗熱を取りカレー粉と合わせベースのカレールーとする。
3. 和牛のスジ肉を焼き、香ばしく色付けると同時に余分な脂を取り除く。

●調理

4. トマトを軽く潰して鍋に入れ、適度な酸味を残して煮詰める。
5. バナナ、リンゴ、パイナップルジュースを加え、軽く煮詰める。
6. 約50ℓの容量の寸胴鍋に移し、先に作った**1**を加えて混ぜ合わせ、**2**のカレールーをフォン・ド・ヴォー*2、ブイヨン・ド・ヴォライユ*3で溶き伸ばしながら加えていく。
7. **3**のすじ肉を加え、塩を加え、よく混ぜ合わせながら沸騰させる。沸々と対流するくらいの火加減に調節し、アクと脂を丁寧に取りながら、5～6時間煮込む。
   *途中から鍋底が焦げ付きやすくなるので、底から良く混ぜること。
8. 仕上がる30分ほど前にマンゴーチャツネを加える。
9. 煮込み終えたら牛スジ肉を取り出し、ソースをミキサーにかけてなめらかにする。
10. 漉し器を通して再び鍋の中に戻し、再度煮込む。
11. しっかりと火を通したら、とがった部分がなくなるまで10日から2週間かけて冷蔵熟成させる。

●盛り付け

12. ショートリブの煮込みと、キノコのソテー、熟成させたカレーソースを合わせて温める。ソースポットに移し、ライスとともに提供する。

*1 スュエ：素材が持っている水分を滲み出させながら弱火でじっくりと炒めること。
*2 フォン・ド・ヴォー：仔牛の骨やスジからとっただし。
*3 ブイヨン・ド・ヴォライユ：鶏からとったスープベース。

ホテルのブッフェ　アーユルヴェーダ・キッチン　ディデアン（東京・蒲田）
スリランカ アーユルヴェーダ ブッフェ

「アーヴェストホテル蒲田」の1階テナントの「ディデアン」が朝昼提供するのは
インド伝統医学のアーユルヴェーダの考えに基づく本格的なスリランカ料理。
ランチブッフェではカレー5品を含め、30品ほどの料理がずらりとテーブルに並ぶ。
もともとスリランカ料理は一皿にいくつもおかずやサンボル（和え物）を盛って
ご飯やカレーとともに好みの味に混ぜて食べる習慣があるので、ブッフェスタイル向き。
素焼きの鍋に盛られたカレーは不定期で入れ替わり、ご飯はスリランカの赤米の日も。
食事目的の宿泊客を迎えるほどの人気ぶりだ。

1 大根のカレー
2 カシューナッツのカレー
3 ケールのマッルン
4 ゴトゥコラサンボル
5 キュウリのカレー
6 ニガウリサラダ
7 パリップ
8 チキンのカレー
9 茄子のカレー
10 ポルサンボル
11 カレーリーフチャツネ
12 マグロのカツレツ
13 パパド

6 どこでもカレーを

ディデアン(東京・蒲田)

大根のカレー 1

材料 (40人分)

マスタードシード…ティースプーン1
ニンニク(みじん切り)…30g
サラダ油…80g
タマネギ(みじん切り)…1個
トマト…1個
ターメリックパウダー…15g
レッドチリパウダー…20g
モルディブフィッシュ…50g
大根(1cmの角切り)…2本
塩…少々
カレーリーフ(カルピンチャ)…5枚
ランパ…5cmくらい

作り方

1 フライパンにサラダ油を入れて熱し、マスタードシード、ニンニクを入れ、香りを出しながら炒める。
2 タマネギ、トマト、ターメリックパウダー、レッドチリパウダーを入れ、モルディブフィッシュを入れて炒める。
3 大根を加える。
4 塩を入れて味を調節する。カレーリーフ、ランパを加え、弱火で煮詰める。
5 大根から出てきた水分が、蒸発したら火を止める。20～25分が目安。

カシューナッツのカレー 2

材料

カシューナッツ…1kg
タマネギ(みじん切り)…1個
ニンニク(みじん切り)…45g
シナモン…少々
マスタードシード…ティースプーン1
ランパ…6cm
カレーリーフ…8枚
ウルアル(フェネグリークパウダー)ティースプーン1
ターメリックパウダー…8g
カリーパウダー…10g
レッドチリパウダー…20g
水…200ml
タマリンド…小さじ3
ココナッツパウダー…100g
塩…10g
油…40g

作り方

1 カシューナッツを水に30分漬ける。
2 カシューナッツを鍋に入れ、水をカシューナッツより5cmほど多く入れる。30分ほどボイルし水洗いをしてザルにとる。
3 2のカシューナッツの一部(100g)と水をミキサーにかけてすりつぶす。
4 フライパンに油を入れ、みじん切りのニンニク、タマネギ、シナモン、マスタードシードを入れて炒める。
5 ランパ、カレーリーフ、ウルアル、ターメリックパウダー、カリーパウダー、レッドチリパウダーを加える。
6 1のカシューナッツとタマリンド、ココナッツパウダー、塩を入れて味を調節し、弱火で10分くらい加熱する。
7 3のカシューナッツペーストを加え5分ほど煮る。

ケールのマッルン 3

材料

ケール(キャベツでも可)…500g
タマネギ…1個
ココナッツファイン…200g
モルディブフィッシュ…500g
塩…小さじ1

作り方

1. ケールはせん切り、タマネギはみじん切りにする。
2. 1、ココナッツファイン、モルディブフィッシュ、塩を混ぜ合わせる。
3. 油を引いていないフライパンで軽く炒める。

ゴトゥコラサンボル 4

材料

ツボクサ(ゴトゥコラ)…250g
タマネギ(小)…½個
ココナッツファイン…100g
モルディブフィッシュ…50g
レモン汁…½個分
塩…ティースプーン0.5

作り方

1. ツボクサを茎も一緒に細かく刻む。タマネギ(小さいものが望ましい)はみじん切りにする。ココナッツファインはぬるま湯で戻しておく。
2. 全体を手でよく混ぜる。
3. モルディブフィッシュを加え、混ぜる。
4. レモン汁と塩を加えて混ぜ、味をみて、物足りなければ、塩を加える。

焼肉レストラン　肉料理とワインYUZAN（大阪・南船場）

ひと口ビーフカレー

厳選の黒毛和牛とワインが主役のレストランが作るカレーは
あくまで〆の食事なので、量は通常の一人前の半分ほど。
新鮮な黒毛和牛の肩ロースを丹念に掃除して具とし、
たっぷりのばら骨やスジなどで贅沢なブイヨンをとるのは専門店ならでは。
脂は大阪のブランド豚である犬鳴ポークを用い、スパイスも同じインド産でも色艶がよく、
粒が揃っていてふくよかなものを選ぶなど、細やかな部分にもクォリティを追求している。

材料 (約300人分)

ベース
　タマネギ(みじん切り)…15kg
　サラダ油…50㎖
スタータースパイス
　クミンシード…200g
　マスタードシード…120g
　クローブホール…20g
犬鳴ポークの脂…500cc
黒毛和牛肩ロース肉…10kg
ニンニク(おろし)…300g
ショウガ(おろし)…300g
セロリ(おろし)…250g
ニンジン(おろし)…1.5kg
バナナピューレ…4本分
トマトピューレ…5kg
リンゴピューレ…12個分
チャツネ…500g
和牛骨とスジでとったブイヨン…6〜7ℓ
焼肉用のタレ…400㎖
赤ワイン…1ℓ
醬油…300g
牛乳…2ℓ
塩…200g
オリジナルカレー粉…約400g
　黒コショウ…66g
　クミン…75g
　グリーンカルダモン…22g
　シナモン…22g
　クローブ…42g
　コリアンダー…47g
　ナツメグ…9g
　マスタード…13g
　フェンネル…11g
　ターメリック…66g
　レッドチリ…11g
　ディル…4g
　キャラウェイ…4g
　アニス…2g
　セージ…1g
　カイエンペパー…2g

作り方

●下準備
1 鍋にサラダ油を入れタマネギをじっくりと炒める。3時間ほどかけて約6kgになるまで炒める**A**。
2 黒毛和牛の肩ロース肉のすじをていねいに掃除し、5cmほどの角切りにする**B**。
　＊カレーに使う牛肉は熟成肉ではなく、新鮮なほどよい。煮込むと縮むのでやや大きめにカットする。

●調理
3 別の鍋に犬鳴ポークの脂とスタータースパイスを入れて火にかける**C**。
4 スパイスから泡が出はじめたら肩ロース肉を入れてしっかりと炒める**D**。
5 ニンニク、ショウガ、セロリ、ニンジンを入れて**E**、香ばしく炒めたら、2を加えてよく混ぜる。
6 バナナ**F**、トマト、リンゴの各ピューレと、チャツネを加える。
7 焼肉のタレを加える。
8 ブイヨンを加え、よく混ぜる**G**。
9 赤ワイン**H**、醬油、牛乳、塩を加える。
10 煮立ったらオリジナルカレー粉を入れて、2時間ほど煮込む。

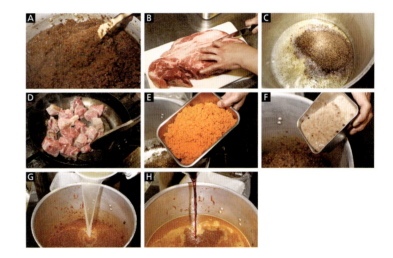

バー **Bar Tram**(東京・恵比寿)

バーのラムカレー

ジンにはコリアンダーとネズの実で風味がつけられているように
多くのスピリッツにハーブやスパイスが用いられている。
また近年はスパイスを加えるミクソロジーの技法を使ったカクテルも登場。
バーとカレーは縁が深く、締めの食事にカレーを提供する店も少なくない。
「トラム」もその一つで、ほろりと崩れるまで柔らかいラム肉のカレーが名物だ。
カレー自体は辛さを控えめにし、自家製のハリッサを添えて好みで辛さを調整してもらう。
同店がテーマとしているアブサンを使ったカクテルにもよく合うカレーである。

材料（約8人分）

- ラムすね肉骨付き（½にカット）…4本
- マリナード
  - ニンニク（スライス）…5g
  - ショウガ（スライス）…5g
  - ローズマリー…5g
  - タイム…5g
  - 塩大さじ…2
  - 黒コショウ…大さじ1
- スタータースパイス（ホール）
  - シナモン…5g
  - スターアニス…2g
  - クローブ…2g
  - カルダモン…2g
- クミンシード…10g
- ニンニク（みじん切り）…20g
- ショウガ（みじん切り）…20g
- タマネギ（スライス）…大4個
- 塩…小さじ1
- ピュアオリーブオイル…60ml
- 自家製パウダースパイスミックス（コリアンダー、ターメリック、レッドチリパウダー、フェヌグリーク他）…50g
- 薄力粉…20g
- トマトソース…50g
- ヨーグルト…100g
- 水…2500ml
- カスリメティ…5g
- 自家製ガラムマサラ（コリアンダー、カルダモン、クミン、黒コショウ、ターメリック他）…25g
- 塩…20g
- 蜂蜜…30g

盛りつけ
- ご飯（またはクスクス）…適量
- 香菜…1本
- ピクルス…適量
- ハリッサ…適量
- ファロッファ…適量

作り方

1. 骨付きラムすね肉は半解凍し、ナイフとのこぎりを使って切り分ける。マリナードをもみ込んで、一晩以上冷蔵し、マリネする。調理をはじめる30分以上前に冷蔵庫から出しておく。

2. 小鍋にサラダ油を入れる。つぶしたシナモン、クローブ、スターアニス、カルダモンを入れて弱火にかける。シュワシュワと泡が出てクローブがふくれ、全体に色が変わってきたら濾してスパイスを除き、大鍋に油を移す。

3. 弱火に掛け、クミンシードを入れる。泡が立ち香りが出て来たら、ニンニクとショウガのみじん切りを加える。軽く色が付き香りが立ってきたらスライスしたタマネギ、塩を入れ最初は強火で水分をとばしながら炒める。水分がなくなりねばりが出てきたら火加減を調節して焦がさない様に全体が茶色に色づくまで炒める。

4. 3のタマネギに、パウダースパイスミックス、薄力粉を入れよくなじませる。トマトソース、ヨーグルトを入れてよく混ぜる。水を入れてのばしておく。

5. マリネした肉を油（分量外）を引いたフライパンに入れ、強めの中火で焼き色を付けていく。全面に焼き色がついたら取り出し、4に入れる。フライパンのこびりつきも水を入れて沸かしながらへらでこそぎ、肉と一緒に入れる。

6. 強火にし、沸騰したら火を弱め、3時間を目安に肉のすじが柔らかくなるまで弱火で煮る。肉を引上げる。

7. ソースにカスリメティ、ガラムマサラを加え、少し食感を残すくらいにブレンダーにかける。塩と蜂蜜で味をととのえる。

8. 6の肉を戻し入れ、冷まして落ち着かせる。

●盛りつけ

9. ハバネロ、タイ産のトウガラシ、おろしニンニク、タマネギのみじん切り、トマトの各切りを合わせ、半量を炒める。フレッシュの残り半量と混ぜ合わせ、ライムの搾り汁を加えてハリッサとする。

10. 皿に盛ったご飯の上にラム肉をのせ、コリアンダーをのせる。カレーを小鍋に入れ、ファロッファ（ブラジル料理で用いるニンニクやタマネギで味をつけたキャッサバの粉）をふる。

＊写真のカレーに添えてあるカクテルは、アブサンを炭酸とトニックウォーターで割った、アブサン・ザ・ソニック。ガーニッシュはライム。

日本料理店　翠（大阪・東心斎橋）
魚介グリーンカレー

板前割烹で、〆の食事としてカレーを提供する例は実はけっして稀有な存在ではない。
なかでも二代目主人の上野修氏が志摩観光ホテルでの修業歴がある「浪速割烹㐂川」では
日本料理の技法を用いた「ひと口カレー」が知る人ぞ知る名物であり、
同店から巣立った多くの料理人たちもまた、自分の店でカレーを提供している。
その中でも「翠」の大屋友和さんが作るカレーは、さらに独自の工夫を加えたもの。
「㐂川」調理主任時代に、他ジャンルの料理を研究するため自ら賄いを担当して作り上げた。
スタッフの好評を博したこのカレー、店ではおまかせのコースに組み込まれることがある。

材料（約4人分）

カレーペースト
- グリーンチリ…15本
- ホムデン…5〜6個
- カー…30g
- レモングラス…40g
- カピ…小さじ1
- ニンニク…20g

ホールスパイス
- クローブ…7個
- コリアンダーシード…大さじ1
- クミンシード…大さじ1
- 昆布とエビのだし…800mℓ
- 昆布…30g
- エビ…4本

プティサレ…100g
タマネギ…1個
ニンジン…½本
シイタケ…4個
ショウガ…20g
米油…大さじ3
ココナッツミルク…400mℓ
オイスターソース…大さじ2
ナンプラー…大さじ1
塩…適量
マンゴーチャツネ…大さじ2
バイマックルー…2枚
スイートバジル…20枚
ハマグリ…4個
イカ…4切れ

作り方

1. プティサレ（フランスの食肉加工品で、スモークをかけないベーコン）を作る。豚バラの塊肉に薄く塩をあて、カギにかけて風通しのよい場所にぶらさげて干し、熟成させる**A**。
2. グリーンチリ、ホムデン、カー、レモングラスをみじん切りにしておく。カピ、ニンニクとともにフードプロセッサーにかけてペースト状にする。
3. すべてのホールスパイスを乾煎りし、ミルミキサーで粉末状にする。
4. エビの身から頭と殻をはずし、昆布と一緒に水で煮て、だしをとる**B**。
5. プティサレを少量の米油で炒める。プティサレから油がにじみでてきたらタマネギ、ニンジン、シイタケ、ショウガを加えてさらに炒める**C**。
6. **3**のパウダースパイス、**2**のカレーペーストを加えて、さらに炒める。
7. 香りが出たらエビと昆布のだし、ココナッツミルク、調味料を入れて煮る**D**。
8. 沸いたら火を弱め、15〜20分間煮る**E**。

●仕上げ

9. 鍋に人数分のグリーンカレーを入れ、**4**のエビの身、殻つきハマグリ、格子状に細かく切り目を入れたイカを入れて煮る。火が通ったらスウィートバジルを加える。

6　どこでもカレーを

すっぽんビリヤニ

スッポンを具として炊いたカレー味のご飯を焼きおにぎりとし、
塗りのお椀に入れて、周りにスッポンの汁を張ったぜいたくな料理。
香ばしいおにぎりを汁に崩しながら食べてもらう趣向で、
梅肉や実ザンショウといった和食の香辛料を加えることで、日本らしさを感じてもらう。
おにぎりの状態でストックしておけるため、提供までがスムーズで板前割烹向きといえる。

材料（約4人分）

- 水…1500mℓ
- スッポン…1尾
- 昆布…70g
- ショウガ(スライス)…10g
- 白ネギ…1本
- 酒…180mℓ
- 塩…適量
- 淡口醤油…40mℓ
- ミリン…40mℓ
- ホールスパイス
  - クミン…小さじ1
  - タカノツメ…1本
  - ローリエ…2枚
  - シナモン…1本
  - カルダモン…5個
- 米…2合
- 白ネギ(みじん切り)…20g
- ショウガ(みじん切り)…10g
- 昆布だし…450mℓ
- サフラン…1つまみ
- 淡口醤油…10mℓ
- 塩…適量
- ミリン…10mℓ
- 米油…大さじ3
- パウダースパイス
  - コリアンダー…大さじ1
  - クミン…小さじ1
  - クローブ…5個
  - カルダモン…5個
  - ターメリック…小さじ½
- 松ノ実…大さじ1
- 梅肉…20g
- 実ザンショウの水煮…小さじ1
- 木ノ芽…2枚
- 白髪ネギ(糸状に切った白ネギ)…適量

作り方

1. スッポンをさばき、水、酒、白ネギ、ショウガ、昆布を入れて煮る。約1時間加熱して、身が柔らかくなったら調味料を入れて仕上げる**A**。スッポンの身を取り出しておく。
2. ホールスパイスを米油でテンパリングする。香りが出てきたら、白ネギ、ショウガのみじん切りを入れて炒める**B**。
3. 1のスッポンの身、サフランを浸けておいた昆布だしと調味料を加えて、さらに煮る**C**。
4. いったん具をザルで漉して、冷ます**D**。

* 煮汁で米を炊く際に計量しやすいように、具を取り出す。

5. 洗った米に4の煮汁を加えて水加減する。漉した具を戻し入れ、パウダースパイス、松ノ実を入れて炊く**E**。
6. 炊いたごはんの芯に梅肉と実ザンショウを入れて**F**、おにぎりにする。上火の焼き台(魚を焼く道具)に入れ、強火でこんがりと焼く**G**。
7. 焼きおにぎりを椀に盛り、1のスッポンのだしを注ぐ。白髪ネギと木ノ芽を盛って提供する。

フランス料理店　GINZA TOTOKI（東京・銀座）

特製シーフードカレー

店の人気メニューである干しアワビのリゾットや赤ワイン煮を作る際に出る
アワビのもどし汁の有効活用を考えるなかで、生まれた料理。
銀座という土地柄から、ビジネスランチの需要があると考え、
曜日限定で提供したのが定着、名物となった。
アワビの旨みがたっぷり入ったカレーに、季節で替わる魚介と野菜の具を別皿で添える。
なおアワビのもどし汁自体にかなりの塩分が含まれるので、塩は加えない。

材料（約5〜6人分）

- アワビのもどし汁…250g
- スープ・ド・ポワソン…1.5ℓ
  - 魚の骨…5kg
  - 甲殻類(オマール海老の頭、ワタリガニ)…5kg
  - タマネギ…4個
  - ニンジン…2本
  - ニンニク…3塊
  - ミルポワ…適量
  - トマトペースト…適量
  - 水…適量
- タマネギ(スライス)…135g
- バター…適量
- 小麦粉…25g
- カレー粉…45g
- ガラムマサラ…5g
- クミンパウダー…5g
- ホタテ干し貝柱…25g
- イカ…適量
- イサキ…適量
- サクラマス…適量
- アサリ…適量
- カブ…適量
- ニンジン…適量
- カリフラワー…適量
- アスパラガス…適量
- オクラ…適量

作り方

●下準備

1. 国産アワビ（約50g）を10個ほど水に浸け、蒸し器に入れ、1〜2時間蒸す。火からおろして自然に冷ます。翌日再び同じ作業を繰り返す。このように蒸しては冷ます作業を1週間ほど繰り返し、アワビをもどす。
2. スープ・ド・ポワソン（魚のスープ）を作る。魚の骨や野菜などのすべての材料を鍋に入れ、強火で30分間煮出す。シノワでしっかりと裏漉しする。

●調理

3. タマネギを繊維に逆らって薄く切る。鍋に入れ、バターで透明になるまで炒める（色づけない）**A**。
4. タマネギがしんなりしてきたら小麦粉を加えて炒める**B**。
5. 火を弱め、カレー粉とスパイスを加える**C**。よく混ぜる**D**。
6. 香りがとばないように、すぐにスープ・ド・ポワソンを加える**E**。
7. 鍋が沸いたら火を弱め、ぽこぽこと沸き立つ状態を保って煮続ける**F**。
8. 6時間煮たところで、砕いた干し貝柱を加える**G**。
9. さらに2時間煮て、いったん火を止める。
10. 翌日再び火にかけ、煮詰まって900mlになったところで、アワビのもどし汁を加える**H**。再び煮詰め、900mlになったら完成**I**。

●盛り付け

11. イカ、イサキ、サクラマスのフィレをサラマンダーで焼く。アサリは蒸す。カブ、ニンジン、カリフラワーも蒸す。オクラ、アスパラガスは素揚げにする。これらの具は別皿に盛って、カレーの皿に添える。
12. ご飯を皿半分に盛ってキュウリのピクルスを添え、カレーソースを流す。さらにカレーソースをポットに入れて提供し、ご飯はお代わり自由とする。

6 どこでもカレーを

GINAZA TOTOKI（東京・銀座）

オックステールのカレー

特製シーフードカレーが名物となったことから、
さらにビジネスランチのカレーのバリエーションを増やすべく、開発した料理。
和牛のオックステールをカレーで煮込むのではなく、
別に赤ワイン煮込みとしてから具に加えるのが特徴だ。
赤ワイン煮込みにしただけでも充分提供できるところを、
さらにひと手間加えたフランス料理店ならではのカレー。

材料 (約8〜9人分)

オックステール…2.6kg
マリナード
　赤ワイン…2.6kg
　タマネギ…1kg
カレーソース
　タマネギ(スライス)…100g
　スパイス
　　カレー粉…40g
　　クミン…5g
　　ターメリック…3g
　　ガラムマサラ…5g
　　韓国産トウガラシ…5g
　　タカノツメ…1本
　調味料
　　豆瓣醤…10g
　　デミグラス…1kg
　　ウスターソース…100g
　　中濃ソース…20g
ホールトマトの水煮…180g
カレーリーフ…5枚
ローリエ…1枚
レモングラス…1本
水…10ℓ
塩…8g
タマネギ…適量
パプリカ…適量

作り方

●下準備

1 オックステールを関節ごとに切り分け、赤ワインとタマネギのマリナードで一晩マリネする。

2 赤ワインからオックステールとタマネギを引上げて天板にのせ、220℃のオーブンで12〜15分間、タマネギが軽く色づくまで焼く。

3 赤ワインにオックステールとタマネギを戻し入れ、火にかける。沸騰したら弱火にし、1時間半から2時間弱火で煮る。

●調理

4 タマネギのスライスを弱火で炒める。透明になったらスパイス類を加える。香りが飛ばないうちに調味料を加え、さらに残りのカレーソースの材料をすべて合わせる。

5 8時間煮込んで、全体の量が1.5kgになるまで煮詰める。

●盛り付け

6 1人分につき **5** のカレーソース170gを鍋に取り、**3** のオックステールの煮込みと煮汁50gを加えて温める。

7 皿にカレーソースを流してオックステールをのせ、オックステールと一緒に赤ワインで煮込んだタマネギを添える。別皿に盛ったご飯の上にタマネギのフライをのせ、パプリカをふる。

フランス料理店　レストラン　コバヤシ（東京・平井）

GOUKAKUカレー

もとはかつての調理スタッフが賄いとして作っていたもので、
受験生を持つ家庭のなじみ客が夜食としてテイクアウトを希望したのがきっかけで、
「電子レンジで温めるカレー」を念頭に、2012年からテイクアウト限定として商品化した。
スタッフが残したレシピを元に試行錯誤を重ね、スパイシーなインド風カレーと
マイルドな欧風カレーをミックスさせた独特の味わいに仕上げている。

材料 （約35人分）

鶏皮つきモモ肉…4kg
　鶏肉のマリネ用日本酒…88mℓ
　塩…適量
サラダ油…630g
赤トウガラシ（鷹の爪、種は除く）…2.1g
フェヌグリーク…23g
ブラックマスタードシード…29g
タマネギ（繊維に逆らって薄切り）…1.5kg
ギー…30g
バター…30g
ニンニク…40g
ショウガ…60g（ニンニク、サラダ油適量
　（分量外）と一緒にミキサーにかけておく）
カレー粉
　クミン…50g
　コリアンダー…50g
　黒コショウ…50g
　ターメリック…50g
　カルダモン…15g
　シナモン…10g
　クローブ…5g
　赤トウガラシ…0.8g
鶏のブイヨン…2ℓ
水…2ℓ
＊ブイヨンと水の割合は、その日のブイヨンの
　状態により変わる。

リーペリンソース…2〜3滴
トマト（水煮缶）…400g
白ワインヴィネガー…80mℓ

ブーケガルニ（ローリエ、タイム、パセリの
　茎、ポロネギ）
マンゴーチャツネ…大さじ1
チリ・ペースト…小さじ1
塩…80〜90g
ココナッツミルク（パウダー）…375g
ぬるま湯…1.5ℓ
ヨーグルト…125g
自家製ガラムマサラ…75g
　クミン…56g
　黒コショウ…30g
　メース…10g
　クローブ…7.5g
　シナモン…6g
　カルダモン…4g
　ブラックカルダモン…4g
　ローリエ（フレッシュ）…1枚

作り方

●下準備
1 鶏モモ肉を大きめのひと口大に切り、塩と日本酒でマリネする。
2 カレー粉とガラムマサラの材料はそれぞれミルサーで粉砕する。

●調理
3 鍋にサラダ油と赤トウガラシを入れて強火で熱する。赤トウガラシが赤黒くなり、油から煙が出てきたら、フェヌグリーク、ブラックマスタードシードを入れる A 。
4 すぐにタマネギ、ギー、バターを入れ、中火にして木ベラで全体をかき混ぜながら、タマネギが少し色づくまで約10分炒める。途中でトウガラシの半分量を取り除く B 。
5 いったん火を止め、ニンニクとショウガのペーストを加え混ぜ、自家製カレー粉を加える。余熱で全体を練るようにかき混ぜる C 。
6 鶏のブイヨン、水、リーペリンソース（あらかじめあわせておく）を加えて、強火で加熱し、表面に浮いてきたアクを取り除く。油は取り除かないように注意する D 。
7 水煮のトマト、白ワインヴィネガー、ブーケガルニを加え、強火のまま約20分煮る。アクが浮いてきたら、そのつど小まめに取り除く。
8 マリネした鶏肉、マンゴーチャツネ、チリ・ペーストを加え、中火にかける。沸騰したら弱火にし、焦げ付かないように木ベラで底をかくようにして混ぜながら、5分ほど加熱する。
9 塩、ぬるま湯で溶いたココナッツミルクを加え混ぜ E 、強火で加熱し、再度沸いてきたらヨーグルトを加えて弱火に30分煮込む。
10 自家製ガラムマサラを加えて F 、全体にまんべんなく混ぜる。鍋ごと流水にあてて完全に冷ましたのち、1人前220〜230gに分ける。

イタリア料理店　サロン・ド・カッパ（東京・麹町）
モルタデッラのハムカツカレー

「サロン・ド・カッパ」では牛肩バラ肉を煮こんだソースに、マルメラータ、ソフリット、独自に配合したカレーパウダーを組み合わせたブラックカレーを提供する。ボローニャソーセージに衣をつけて揚げたハムカツのトッピングが人気だ。マルメラータはイタリア語でマーマレードのことで、煮溶かしたタマネギに赤ワインとハチミツを加えた甘酸っぱく煮た野菜ジャム。ソフリットはイタリア料理の旨みづけに用いられる、細かくきざんで炒めた香味野菜。どちらもカレーのスパイシーな味に深みを与えてくれる。

材料（約15人分）

- 牛肩バラ肉（1切れ80g〜100g）…3kg
  - 塩…45g
  - コショウ…15g
  - レッドチリパウダー…15g
  - 薄力粉…適量
- マルメラータ
  - タマネギ（薄切り）…3〜4個（1kg）
  - オリーブ油…大さじ2
  - 赤ワイン…300ml
  - ハチミツ…大さじ2
  - 水…適宜
- 香味野菜のソフリット
  - タマネギ（みじん切り）…3〜4個（1kg）
  - ニンジン（みじん切り）…350g
  - セロリ（みじん切り）…150g
  - オリーブ油…適量
- ショウガとニンニクの炒め
  - ショウガ（みじん切り）…大さじ1.5
  - ニンニク（みじん切り）…大さじ1.5
  - オリーブ油…適量
- ローリエ…1〜2枚
- オリーブ油…90g
- 赤ワイン…200ml
- 水…4〜5ℓ
- 自家製カレーパウダー
  ＊まとめて仕込んでおく。
  - カレールー…1kg
  - ターメリック…大さじ2
  - カイエンヌペッパー…大さじ1
  - レッドチリパウダー…大さじ3
- コーンスターチ…20g
- 薄力粉…40g

＊とろみづけ用のコーンスターチと薄力粉の分量は、その日に仕込んだカレーの濃度により加減する。

作り方

1. タマネギのマルメラータを作る。フライパンにオリーブ油を温め、薄切りしたタマネギを入れて木ベラでかき混ぜながら中火で色づくまで約1時間半炒める A 。鍋肌がタマネギで茶色くなってきたら、水を加えてさらにかき混ぜながら加熱する。
2. 水分が蒸発し、濃い茶色になったら赤ワインを加えて B アルコールが飛んだらハチミツを加え、たえずかき混ぜながら中火弱で煮つめる C 。水少量を注いで焦げつきを防ぐとともに均一にして取りおく。
3. 香味野菜でソフリットを作る。鍋にオリーブ油を温め、みじん切りにしたタマネギ、ニンジン、セロリを入れてかき混ぜながら弱火で香りが立ち、全体が柔らかくなるまでしっかり炒めておく。
4. ショウガとニンニクは少量のオリーブ油で香りが出るまで弱火で炒める。
5. 牛肉は塩、コショウ、レッドチリパウダーを加えてよくなじませ、薄力粉を表面全体にまぶす。
6. フライパンにオリーブ油を熱し、5の牛肉を入れて強火で表面全体にしっかり焼き色をつける。肉を焼き色がつくまで焼きつけることにより肉の旨みとコクを引き出す。赤ワインでフランベして牛肉に香りをつける D 。赤ワインが煮つまったら、少量の水（分量外）を加えてひと煮立ちさせてフライパンについた旨みを溶かす。
7. 鍋に3のソフリットとローリエを入れて加熱し E 、香りを立たせる。6の牛肉を汁ごとあけ、水を加える。強火で加熱し、沸いてきたら弱火にして4時間煮込む F 。
8. 牛肉が柔らかくなったら器に取り出す。残った煮汁に2のマルメラータ、4の炒めたショウガとニンニクを加え混ぜて煮つめ、自家製カレーパウダーを加えてかき混ぜながら20〜30分煮込む。とろみの加減をみて、水で溶いたコーンスターチと薄力粉を加えて濃度を調整する。

●仕上げ

9. 注文が入ったら、あらかじめ7.5mm厚にスライスしておいたモルタデッラ（ボローニャソーセージ）を半分に切り、衣をつけてカツに揚げる。フライパンに取り分けて温めたビーフカレーをかけたライスにトッピングする。

ドイツ料理店　レストラン ピラミッド（東京・築地）

ソーセージカレー

唯一無比のカレーの味を提供したい。そんな思いからオーナー・シェフの山本扶桑さんは開業時からランチはドイツビールカレーを提供している。
基本のカレーは取りおいた前日に仕込んだカレーを元に、薄力粉とラードをオーブンでチョコレート色まで香ばしく炒めた苦みのあるルー（山本さんは「マドラス」と呼ぶ）、鶏皮と香味野菜のブイヨン、2種のビール、ウナギのたれなどの調味料を加えて店ならではの、複雑な味わいに仕立てる。取りおいたカレーに熟成させたルーやゼラチン質たっぷりのブイヨンを継ぎ足すことにより、味のブレをなくすと同時に奥行をもたす。

材料 (店の仕込み量)

カレー・ルー
　薄力粉…3kg
　ラード…2.2kg
カレー粉(SB赤缶)…1.5kg
ブイヨン
　鶏皮…2kg
　キャベツ(ざく切り)…2個
　タマネギ(4つ切り)…9個
　ニンジン(ぶつ切り)…2本
　セロリ(ぶつ切り)…1本
　ニンニク(すりおろし)…150g
　ショウガ(すりおろし)…300g
　バナナ…5本
　ダークチェリー(シロップ漬け)…1缶
　　(4号缶)
　水…2ℓ
ビール
　ピルスナー…1ℓ
　白ビール…1ℓ
調味料
　ケチャップ…1200mℓ
　ウスターソース…200mℓ
　濃口醬油…200mℓ
　ウナギのたれ(市販品)…250mℓ
　白ワインヴィネガー…150mℓ
　マンゴージュース…200mℓ
　ピーナツバター…680g
　取りおいたカレー…5～6ℓ(残った状態
　　により増減あり)

盛りつけ

　ソーセージ(クラカウワー)…1本
　＊クラカウワーソーセージはシェフ独自の配
　　合のものでピリッと辛く、スモーク香にな
　　るようにメーカーに仕様書発注。

　元のカレー…180mℓ
　生クリーム…適量
　ライス…230g
　マッシュポテト…適量
　ザワークラウト…適量
　＊ザワークラウトはトッピングサービスの1品

作り方

1 カレー・ルーを作る。鍋にラードと薄力粉を混ぜ、蓋をして弱火のオーブンで加熱する。はじめのうちは30分ごとに木ベラで底から返すようにして混ぜることを繰り返す。焼き色が濃くなるに従ってかき混ぜる時間の間隔を短くする**A**。

2 約5～6時間かけて濃いチョコレート色の香ばしく苦みの強いルーになったら、オーブンから取り出す。

3 完全に冷めたら、カレー粉を入れた鍋に移す。ルーの粘度がとても強いので、作業性からカレー粉を敷いた上にルーをあけている**B**。そのままおき、一日寝かす。

4 ブイヨンを作る。鍋に鶏皮、それぞれに切った香味野菜、果物、水を入れ、野菜が煮崩れるくらいに柔らかくなるまで煮る**C**。ときどき木ベラで底からかき混ぜる。ミキサーにかけてペースト状にして大鍋に移す**D**。

5 **4**に2種類のビールを加えてひと沸かしする。ピルスナーは苦み、白ビールは甘み、コクをつけるため**E**。

6 元のカレーの入った鍋に**5**を加える**F**。木ベラでしっかりと混ぜ合わせながら中火で30～40分ほど煮る。

7 すべての調味料を加えてもうひと沸かしする**G**。

8 火から下ろし、**3**の鍋のカレー・ルーとカレー粉を加えて均一になるように木ベラでよく混ぜ合わせる**H**・**I**。

●仕上げ

9 ソーセージカレーの注文が入ったら、小鍋に**8**を取り分けてソーセージを入れる。温めてソーセージのもつ脂肪を溶かした味に仕立てる。ポットに入れ、生クリームをかける。マッシュポテトをのせたライスとザワークラウトを添える。

レストラン ピラミッド（東京・築地）

キーマカレー

店はカレーメニューが5種類あり、キーマカレー以外は同じ基本のカレーをベースに、加える主材のビーフやチキンのそれぞれにスパイスを加えて味に変化をつけている。一方、キーマカレーは、挽き肉に油で炒めたトウガラシを加えて辛さと香りを挽き肉に充分にしみ込ませておき、それに基本のカレーを合わせて作る。単に辛いだけではなく、後から苦み、旨み、コクがついてくるように味を組み立てている。

材料 (店の仕込み量)

- 豚挽き肉…6kg
- 赤トウガラシ(粗みじん切り)…100g
- 粒コショウ…40g
- オリーブ油…60～65g
- ローリエ…2枚
- ニンニク(みじん切り)…15g
- *ニンニクはオリーブ油に漬けたもの

調味料
- 濃口醬油…160mℓ
- ウスターソース…160mℓ
- うなぎのたれ…180mℓ
- ケチャップ…800g
- 赤ワイン…300mℓ
- 赤トウガラシ(粉末)…600g
- ナツメグ…15g

盛りつけ(1人分)
- 調理した挽き肉…90g
- 基本のカレー(177頁参照)…90g
- 生クリーム…適量
- ライス…230g
- マッシュポテト…適量
- 目玉焼き…1個
- *目玉焼きはトッピングサービスの1品

作り方

1. 鍋にオリーブ油、赤トウガラシ、粒コショウを入れ、弱火で加熱。焦げないようにかき混ぜながらトウガラシが赤黒くなるまで炒める **A**。
2. ローリエを加えて辛さと香りを油に移す。ニンニクを加える **B**。
3. 挽き肉全部を**2**に加え、木ベラで鍋底から返すようにして全体を混ぜる **C**。中火で加熱し、挽き肉に焦げ目がつくくらいになったら再度木ベラでかき混ぜる **D**。
4. 水分をしっかり飛ばしたら、調味料を加える。こうして混ぜては強火で加熱することを繰り返して、全体に均一に火を通す。
5. 鍋を火からおろし、赤トウガラシとナツメグを加えてまぜる。

● 仕上げ

6. キーマカレーの注文が入ったら、小鍋に**5**と基本のカレーを取り分けて加熱する。香りが立ってきたらポットに移し、生クリームをかける。

カレーを通販で販売するには

column3

　ネットによる通信販売（以下、通販）は、カレーの販売方法としてとても魅力的である。ネット通販の商圏は大きく、商品がヒットすれば大きな利益を生むことも期待できる。

　ただし通販による配送行為に対する保健所の規制は何もなく、自由に販売に参加できるが、カレーなどの食品そのものの製造に関してはあくまでも食品衛生法に準じて営業許可を取ることが大前提になる。つまり、通販は規模の大小にかかわらず、該当する製造業の許可が必要である。完成したカレーはそうざい製造業、冷凍したカレーは食品の冷凍業、調理加工した肉を別包装でセットにするなら食肉製品製造業、さらに都条例ではカレールーは調味料等製造業の許可がそれぞれ必要になる。

　また通販では製品への表示義務が生じる。世間一般において食品によるアレルギー問題や品質に対する関心が高くなっていることから、食品業界では食品表示、賞味期限、消費期限などの表示を重視する傾向にある。ただし、食品衛生法では飲食店営業によるカレー店やそうざい店が常温の状態でカレーをテイクアウトやデリバリーで販売をする場合、店内での飲食と同様、食品表示、賞味期限、消費期限などの表示はしなくてもよしとされている。販売するときに口頭で商品説明ができるからとの判断による。

　しかし通販はレストラン、テイクアウト、デリバリーなどの対面販売と異なり、顧客の顔が見えない。どういう客がどのように食べているのか、販売元のカレー店は把握しにくいため、食品表示、賞味期限、消費期限を明記しなければならない。そのうえ、客が表示や期限を理解し、期限を守って食べているとは限らない。クレームが発生したら、その対応次第で店そのものの評判も落としかねない。通販には魅力とリスクの両面があることを充分認識した上で取り組みたい。

　カレーを通販用に商品化するには製造規模、経時劣化の問題、パッケージング、配送システムなどのクリアしなければならない課題が多い。通販に力を入れているカレーのチェーン店によっては、店舗で提供するカレーとは別に自社の工場で製品化している。店舗は小さいが通販に積極的に取り組みたいと考えるなら、プライベートブランドを専門に手掛けるメーカーにレシピ発注して、通販用のカレーを製品化するという方法もある。

　なお、業種や販売方法にかかわらず、カレーの販売に携わる者は食中毒をおこさないように注意しなければいけない。カレーは煮込んで作るため、食中毒とは無縁のものと思っている人が多いのではないだろうか。しっかり煮込んであるからといって、けっして安心はできない。

　事実、ウェルシュ菌という細菌がカレーによる食中毒の原因となることは多い。この菌は「芽胞」状態では100℃で5〜6時間加熱しても死滅せず、しかも嫌気性のために空気のない鍋底でも死滅せず、40℃前後になると急激に増殖するからこわい。予防策としては、小分けにして急速冷却して温度管理を徹底すること、提供時にはしっかりと再加熱することなどに気をつけなければいけない。

7

カレーのおともに

1章で紹介した米や小麦を使った主食が
カレーに欠かせない相棒だとしたら、
ここでクローズアップするのは名脇役たち。
定番のサイドメニューや、味に変化をつけてくれる
付け合せを取り上げます。

Spice of Life(大阪・箕面)
タンドリーチキン

皮なしのモモ肉をタンドールで焼く。
一晩マリネすることで肉の嫌なにおいがなくなり、ぷりっとした食感になる。
店ではたまに骨付き肉を使用する場合もあるが、
その場合はマリネすると骨からはずれやすくなる。

材料 (6人分6きれ)

鶏もも肉…500g
レモン汁…大さじ1
ニンニク(ペースト)…小さじ1
ショウガ(おろし)…小さじ½
スパイス
　ターメリック…小さじ¼
　クミンパウダー…小さじ¼
　コリアンダーパウダー…小さじ½
　パプリカ…小さじ½
　ガラムマサラ…小さじ½
　アムチュール…小さじ⅓
　白コショウパウダー…少々
フードカラー(黄色)…少々
塩…小さじ½
ヨーグルト…100g
ギー…適量

作り方

●下準備
1. 鶏もも肉の皮をむき、余分な脂を取り、1枚を3つくらいに切り分け、さらに厚みが均一になるように調節する **A**。
2. レモン汁、ニンニク、ショウガを入れて混ぜる **B**。
3. この状態で30分ほど置いたら、スパイスのすべてとヨーグルト、塩、フードカラーを入れて混ぜ一晩かけてマリネする **C**。

●調理
4. タンドールの準備をする。炭の火をおこしたらどちらか片方に寄せておく **D**。
5. マリネしておいた肉を6、7枚シーク(金串)に打つ **E**。
6. タンドールの炭のない側にシークの先をあてるようにして立て **F**、蓋をして焼く。
7. 7割ほど焼けたら一度取り出し、ギーをまんべんなく塗り **G**、再びタンドールの中へ入れる。焼いてはギーを塗る作業を3回ほど繰り返す。
8. 焼きあがったら好みでチャートマサラやレッドチリパウダー、パプリカなどをふりかける。

＊シークには太いものと細いものがあり、カバブやチキンの下ごしらえの際は太いものを使用する。注文が入り仕上げに温める場合は細いほうを使用する。

Spice of Life（大阪・箕面）
シークカバブ

鶏胸肉を挽肉にして、シークに棒状につけてタンドーリで焼く料理。
作る直前に肉を挽くと串から抜け落ちにくくなる。
炭はやや端へ寄せて、あいたところにシークを傾けて置く。
火が弱いときは空気を入れ、強すぎる場合は入らないようにして火力を調節する。

材料 (8人前16本分)

鶏胸肉…900g
タマネギ(みじん切り)…½個
シシトウ(みじん切り)…4本分
ニンニク(ペースト)…小さじ1強
ショウガ(おろし)…小さじ1
スパイス
　ターメリック…小さじ1
　クミンパウダー…小さじ2
　黒コショウパウダー…小さじ½
　レッドチリパウダー…小さじ⅓
　ガラムマサラ…小さじ1.5
塩…小さじ1.5
ギー…適量

作り方

●下準備
1　鶏胸肉の皮をむき取り、フードカッターで細かく挽く。

●作り方
2　挽いた鶏肉をボウルに移し、タマネギ、シシトウ、ニンニク、ショウガ、スパイスすべて、塩を入れる**A**。
3　手で練りこむようにして混ぜる**B**。
4　粘りが出てきたら16個の玉に分ける**C**。
5　空気を抜くようにしてシークにくっつける。粘りが弱いと落ちやすい**D**。
6　タンドールに入れて熱する**E**。
7　7割ほど火が通ったら取り出し、ギーを塗り再度加熱する**F**。
8　しっかりと火が通ったら串から抜きお皿に移して、好みでチャートマサラやレモン、ビネガーなどをふる。

ナンタラ(大阪・都島)
ニンジンのピックル

インドはピックルについても多様であるが、
こちらは漬け込まなくてもすぐに食べることのできる優れもの。
ニンジンをボイルし、酢と生搾りのゴマ油でさっぱりとした味わいに。

材料

ホールスパイス
　マスタードシード…10g
　フェヌグリーク…10g
　コリアンダー…10g
　クミン…10g
ニンジン(さいの目切り)…1kg
ターメリック…少々
塩…少々
水…適量
生搾りゴマ油…200㎖
ニンニク(みじん切り)　25g
シシトウまたはグリーンチリ(みじん切り)
　…4本
ショウガ(ペースト)…25g
スパイスⒶ
　ターメリック…小さじ1.5
　コリアンダーパウダー…小さじ1.5
　レッドチリパウダー…小さじ2
　ヒング…小さじ1
塩…大さじ1.5〜2(好み量)
酢…150㎖〜(好み量)
テンパリング
　マスタードシード…大さじ1.5
　レッドチリホール…7本
　カレーリーフ…10枚
　レッドチリパウダー…大さじ1

作り方

1. ホールスパイスをそれぞれ煎ってからミキサーにかけてパウダーにする。
2. ニンジンは塩とターメリック少々を入れた湯でボイルしておく。50％火が通る程度。
3. 熱したフライパンに、ゴマ油100㎖をいれて、ニンニク、シシトウを炒める。
4. ニンニクが色づいたらショウガを入れる。
5. スパイスⒶのすべてを入れる。
6. 1のローストスパイスを入れる。
7. 塩と酢を入れて混ぜる。2のニンジンを加えざっくりと混ぜたら火を止める。
8. テンパリングをする。別のフライパンにゴマ油100㎖を入れてマスタードシードを熱する。
9. 小さな泡が出始めたらレッドチリホール、カレーリーフの順に加える。
10. マスタードシードが弾けてきたらレッドチリパウダーを入れる。この油を7の中に加えて混ぜる。

ディデアン（東京・蒲田）

レモンピックル

ライムで作る酸っぱいピクルス、スリランカのルヌディ。
ライムは安定して入手しづらいので、
ここでは国産の無農薬レモンで代用している。

材料

- レモン…20個
- レッドチリパウダー…50g
- 塩…大さじ2
- カレーリーフ…10枚
- ニンニク…大さじ1
- ショウガ…大さじ1
- サラダ油…大さじ2
- ウルアル…大さじ1
- マスタードシード粉…大さじ1

作り方

1. レモン10個は絞って果汁を取る。
2. 残りのレモン10個は縦に半分に切り、それを裏返して3つに切る。（1個のレモンを6つに切る）
3. 1、2を合わせてレッドチリパウダーと塩を入れ、キッチンペーパーで蓋をして時々混ぜながら常温で10日間置く。
4. カレーリーフは油（分量外）で揚げる。
5. ニンニク、ショウガはサラダ油で炒めて香りを出し、ウルアルとマスタードシード粉を入れる。
6. 3のレモンに5を加えて混ぜる。

7 カレーのおともに

ディデアン（東京・蒲田）

ボルサンボル

ココナッツとモルディブフィッシュ（スリランカのかつお節）で作る
ご飯に添えるふりかけ。
辛く仕立てたい場合は粗挽きのトウガラシを加える。

材料

ココナッツファイン…200g
タマネギ（みじん切り）…½個
トマト…½個
レモン…¼個
モルディブフィッシュ…小さじ1
塩…小さじ0.5

作り方

1　ココナッツファインにレモン汁を絞り、すべての材料を加えて混ぜる。トマトは手でつぶしながらよく混ぜ込む。

ディデアン(東京・蒲田)

カレーリーフのチャツネ

スリランカのカレーにも使うカレーリーフをペーストにしたチャツネ。
カレーリーフは沖縄や四国など国内で栽培が始まっており、
フレッシュのものを使用する。

材料

カレーリーフ…100g
ニンニク…小さじ1
ショウガ…小さじ1g
グリーンチリ(生)…1房
レモン…½個
塩…ティースプーン½
黒コショウ…5粒
レッドオニオン…15g

作り方

1. ミキサーにすべての材料を入れて、混ぜる。ミキサーが回りにくい時は、少量の水を加える。

あちゃーる（仙台・泉区）
チャトニ

季節の野菜や通常の流通にのらない
小ぶりな果実などを使った
「あちゃーる」オリジナルの各種チャトニ。
おもに酸味のあるフルーツから作り、
1年ぐらいが保存可能。
上はキウイとレーズンのチャトニ、
左下はイチゴとキウイのチャトニ
（レシピ省略）。
右下のなすのチャトニは白身魚や
鶏肉のソテー、パンなどにも合う。

キウイとレーズンのチャトニ

材料

キウイ…300g
レーズン…（湯通ししたもの）30g
砂糖…½カップ
水…50ml（果物の水分によって調整する）
サラダ油（太白の白胡麻油でも可）…大さじ
　1＋小さじ1
パンチフォロン（スパイスミックス）
　…小さじ1.5
｜クミン
｜メティ
｜マスタードシード
｜ニゲラ
｜フェンネル
＊5種のホールスパイスを同量ブレンドした
　もの
サラダ油…大さじ1
レモン汁…¼カップ（好みで調整）

作り方

1 キウイを好みの大きさに刻む。
2 鍋にキウイと水、砂糖を入れ、弱火にかける。
3 2の間に別のフライパンでサラダ油を熱し、パンチフォロンを加えて香りを出す。
4 3に2を加え弱火で煮る。
5 ジャムのようなとろみが出るまで、弱火のままゆっくり煮詰める。
6 レーズン、レモン汁を加えて全体を混ぜ合わせる。
　＊チャトニには、酸味のある果物の方が適している。

なすのチャトニ

材料

ナス　1kg
チリホール…20本
クミンシード…小さじ1
マスタードシード…小さじ1
ニンニク（みじん切り）…50g
ショウガ（みじん切り）…25g
青唐辛子プリッキーヌ…6本（韓国産唐辛
　子なら3本）
サラダオイル…1カップ
ターメリック…大さじ2
米酢…1カップ
砂糖…280g
塩…大さじ1

作り方

1 ナスは皮をつけたまま1cmほどの角切りにする。
2 少量の油でチリホール、クミンシード、マスタードシード、ニンニク、ショウガを炒める。
3 粗熱を取って冷まし、フードプロセッサーへ入れる。残りの油も加えて粉砕・攪拌し、ペーストを作る。
4 青唐辛子をみじん切りにする。
5 3のペーストを鍋に戻し、軽く炒める。香りが立ってきたら、4の青唐辛子、1のナスを加えて軽く油となじませる。
6 5にターメリック、米酢、砂糖を加え、ナスが柔らかくなるまで煮る。
7 塩を入れて5分ぐらい加熱する。
8 煮沸消毒したガラス瓶に入れ、保存する。

あちゃーる（仙台・泉区）
煮干しのあちゃーる

だしをとった後の煮干しを有効活用するため
森夫妻が創作した日本の"あちゃーる"。
カツオ節の厚削りを使ってもよい。

材料

煮干し（だしをとった後のもの）…2カップ
ターメリック小さじ…¼
レモン汁…大さじ1
サラダ油…大さじ1
ニンニク（みじん切り）…4片
ショウガ（みじん切り）…約2.5cm
カロンジ…小さじ1.5
トマト（みじん切り）…2.5カップ
塩…小さじ1
チリホール…2本
酢…小さじ1

作り方

1 だしをとった後の煮干しの水気をきって、ターメリックとレモン汁で和えておく。水分をペーパータオルで拭き取り、サラダ油（分量外）で薄いきつね色くらいになるまで素揚げする。

2 サラダ油をフライパンで温め、ニンニク、ショウガ、を軽く色づく程度に炒める。

3 カロンジ、湯むきしてみじん切りにしたトマトを加える。塩、チリホールを入れ、半量くらいになるまで煮詰める。

4 できあがったソースに煮干しの素揚げを加え、酢を加える。

もやしのサブジ　モリ商店（大阪・西天満）　＊仕上がりは124頁参照

材料（10食分）

モヤシ…2袋
サラダ油…大さじ2
マスタードシード…小さじ½
タマネギ（薄切り）…大さじ1
ニンニク（おろし）…小さじ½
ショウガ（おろし）…小さじ½
ターメリック…小さじ½
クミンパウダー…小さじ½
ガラムマサラ…小さじ¼
塩…小さじ⅔
水…大さじ2
トマトジュース…大さじ2
醤油…小さじ1

作り方

●下準備
1　モヤシは半分くらいにざっくりと切る。
2　ザルにとり、熱湯をかけて臭みをとる。そのまま水気をきっておく。

●作り方
3　鍋にサラダ油を入れて熱し、マスタードシードを加える A。
　＊油の量が少ないので鍋を傾けて火にかける。
4　小さな泡が出始めて弾けてきたらタマネギ、ニンニク、ショウガを加えて炒める B。
5　タマネギが色づいてきたらターメリック、クミン、ガラムマサラ、塩を加え混ぜる。
6　水、トマトジュース、醤油を入れ、よく混ぜたらもやしを加える C。
7　よくかき混ぜて蓋をする。ひと煮立ちしたら火を止める。冷めたら容器に入れて冷蔵庫で保存する。

タマネギのアチャール　モリ商店（大阪・西天満）　＊仕上がりは124頁参照

材料

タマネギ…1個
塩…大さじ1
クミンシード…小さじ½
レモン汁…大さじ1〜1.5

作り方

1　タマネギを幅1cmほどの細切りにして一度水に浸ける。
2　水気を切り、塩で和えてしばらく放置する。
3　タマネギの水分を搾りだす A。
4　フライパンでクミンシードを色づくまで乾煎りする B。
5　乳鉢などで粗潰しにする。
6　5を3に入れ C、レモン汁で和える。冷蔵庫に保存する。

8

カレーのあとに

スパイシーなカレーのあとならではの、
ほっと一息つけるような甘い料理。
まだ日本人にはさほど認知されていない
各国のデザートも、カレーとともに
もっと広がる可能性を秘めています。

クルフィー

ナンタラ(大阪・都島)

時間をかけて煮つめた牛乳から作る、シャーベットと
アイスクリームの中間的な氷菓。クルフィー専門のカップで型をとり、
塔のように立てて盛るのがインドのスタイル。
材料の牛乳や生クリームは濃厚なものが望ましく、
「ナンタラ」では牛乳は乳脂肪分4.2%以上、生クリームは38%以上のものを使用している。

材料 (16〜18本分)

牛乳…3ℓ
砂糖…300g
生クリーム…180mℓ
グリーンカルダモンパウダー…小さじ1
＊できればその場でホールを粉砕したものがよい
スペアミント…適量

作り方

1 牛乳を焦げ付かないようにゆっくり混ぜながら、約2時間かけて約1.5ℓまで煮詰める**A**。
2 砂糖を加えて溶かしたら**B**、生クリーム、グリーンカルダモンの順に加える。
3 火を止め、冷ます。冷めたらクルフィーカップ(約80mℓ)に注ぎ入れ冷凍する**C**。
4 食べる直前に取り出し、手の平の温度で少しだけ溶かして器に移す。ミントやマンゴーピューレをあしらう。

セーミヤパヤサム

ナンタラ（大阪・都島）

セーミヤ（Semiya）とは麺のことで南インドの言葉。
長さ2センチくらいのビーフンのような形状で、インド全土にあり、
北はセーヴィアン、西はセヴなどと呼び、わずかに太かったり短かったり
形も少しずつ違う。原料はデュラムセモリナ粉。

材料（10人分）

セーミヤ（乾燥品）…150g
ギー…大さじ1
牛乳（乳脂肪分4.2%以上が好ましい）…1ℓ
砂糖…180g
グリーンカルダモンパウダー…小さじ2
カシューナッツ（ブロークン）…大さじ5〜6
ブラウンレーズン…適量

作り方

1. フライパンにギー大さじ½をたらしセーミヤを少し色づくまで炒める 。
2. 温めておいた牛乳に **1** を加える。
3. 砂糖とグリーンカルダモンパウダーも加える 。
4. 先ほど使ったフライパンに残りのギーをたらし、カシューナッツとレーズンを炒める 。
5. 色づいてきたら **3** の鍋の中に入れて混ぜ、火を止める。
6. 少し冷まして、ほのかにぬるいくらいで器に盛る。

キリパニ

キャンディ（東京・日本橋）

プレーンヨーグルトにヤシ蜜をかけたシンプルなデザート。
ヤシ蜜の中でも、キトゥルパーム（孔雀ヤシ）の花蜜を煮詰めて作る
スリランカ特産のキトゥルシロップは、深みのある甘さを持ち、
ヨーグルトとよく合う。

材料 (1人分)

プレーンヨーグルト…150cc
ヤシ蜜（キトゥルシロップ）…20cc

作り方

器にプレーンヨーグルトを盛り、ヤシ蜜をかける。ヤシ蜜の量は好みで加減する。

ココナッツパンケーキ

キャンディ（東京・日本橋）

ターメリックパウダーでほんのりと黄色い色をつけた薄いパンケーキで、
ココナッツファインを使ったフィリングを巻いたもの。
できたてを食べるほか、冷蔵庫で3〜4日保存できる。

材料 (20本分)

フィリング
- ココナッツファイン…200g
- ヤシ蜜…100g
- シナモンスティック…5g
- カルダモン（ホール）…3g
- 塩…少々

パンケーキ生地
- 小麦粉…200g
- ベーキングパウダー…10g
- 砂糖…5g
- バター…5g
- ターメリックパウダー…1g
- 牛乳…200g
- 水…300g

仕上げ
- ヤシ蜜…適量

作り方

1. フィリングを作る。鍋にヤシ蜜、シナモンスティック、カルダモン（ホール）を入れて火にかけ、沸騰して泡立ってきたら1〜2分ほどで火を止め、シナモンスティック、カルダモンの皮を取り除く。ココナッツファイン、塩を加えて混ぜ、自然に冷ましておく。

2. パンケーキの生地を作る。ボールに小麦粉、ベーキングパウダー、バター、砂糖、ターメリックパウダー、牛乳、水を入れて混ぜ、クリーミーなバターのような状態にする。

3. テフロン加工のフライパンに、キッチンペーパーを使ってバターを薄く塗る。2の生地を均一に流し入れ、焦げめをつけないように弱火で片面だけ焼く。

●仕上げ

4. 生地にフィリングをのせて巻く。斜めに切って皿に盛り、ヤシ蜜をかける。

5. 冷蔵庫で3〜4日保存が可能。冷蔵保存後は、食べる前に電子レンジで20秒ほど再加熱し、風味を出すといい。

ココナッツクッキー

キャンディ(東京・日本橋)

メレンゲにココナッツファインを混ぜて焼き上げた、
サクサクした食感のクッキー。

材料 (150個分)

卵白…300g
砂糖…550g
ココナッツファイン…550g

作り方

1. メレンゲを作る。まず卵白のみをハンドミキサーで1分ほど泡立て、その後砂糖を少しずつ加えながら泡立て続け、20分ほどかけてしっかりしたメレンゲにする。
2. 1にココナッツファインをさっくりと合わせる。
3. 天板にオイルペーパーを敷き、2を絞り袋に入れ、ペーパーの上に丸く絞り出す。
4. 140℃のオーブンで30分焼く。

キャンディ（東京・日本橋）

ヴァタラッパン

プリン風のデザートで、砂糖の代わりに褐色のヤシ砂糖（ジャガリ）、
牛乳の代わりにココナッツミルクを使い、シナモン、カルダモンで
エキゾチックな風味を加えている。

材料 (30人前)

卵…12個
ヤシ砂糖（ジャガリ）…400g
シナモンスティック…50g
カルダモン（ホール）…5g
水…200ml
ココナッツミルク（濃いめ）…1ℓ

仕上げ
　ココナッツファイン…適量

作り方

1. 卵をボールに割り入れ、よく混ぜ合わせる。
2. 鍋に水、ヤシ砂糖、シナモンスティック、カルダモン（ホール）を入れてひと煮立ちさせた後、20分ほど置き、室温程度に冷ましておく。シナモンスティックとカルダモンの皮を取り除く。
3. 2に1とココナッツミルクを加えてよく混ぜる。
4. タテ266×ヨコ346×深さ50mmのバットに3を漉しながら流し入れ、1～2分置く。
5. 140℃のオーブンで35分焼く。粗熱をとった後、冷蔵庫で冷やす。
6. 切り分けて器に盛り、ココナッツファインをトッピングする。

マサラチャイ

スパイスマジック カルカッタ本店（東京・西葛西）

スパイスを加え、手鍋で煮出して淹れる
インド風のミルクティー。
インドでは砂糖も入れて煮出すことが多いが、
同店では砂糖は入れずに提供し、
後から好みで加えてもらう。
紅茶は牛乳に負けないコクのあるアッサム産で、
抽出効率のいいCTCタイプを使用している。

材料（4杯分）

紅茶（アッサムCTC）…大さじ2
＊CTCはCrush（潰す）、Tear（裂く）、Curl（丸める）の略で、小さな粒状の茶葉。

水…360mℓ
牛乳…240mℓ
グリーンカルダモン…4個
シナモン（またはカシア）…4cm

作り方

1. 手鍋に水と牛乳を入れ、火にかけるA。
2. グリーンカルダモンを入れる。
3. シナモン（またはカシア）を入れるB。
4. 沸騰直前に紅茶を入れるC。
5. ふきこぼれないように火を弱め、紅茶の成分が充分に抽出されるまで2分ほど加熱するD。
6. 茶葉やスパイスをこしながら、いったんボウルなどに移して全体を均一にしE、ティーカップに注ぐ。

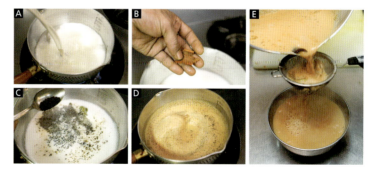

掲載店紹介

ナンタラ

大阪市都島区都島本通3-28-2
06-6928-8478
11:30～15:00(L.O.14:30)
17:00～23:00(L.O.22:30)
無休
http://nantala.com

2012年開業の関西では稀少な南インド中心のレストラン。ランチにビリヤニや南インドの定食ミールスを取り入れ、ドーサやヴァダなどのティファン類なども揃え、ファンを拡大し続けている。またウイスキーやカクテル、タンドール料理などオードブルも揃いディナーも充実。ケララ出身のシェフ、ジョニーさんを筆頭に南系の料理人が常に3、4人態勢。立地は住宅街の都島で、1階は27席、2階は貸し切り専用で24席（2日前までの要予約）。

コチン ニヴァース

東京都新宿区西新宿5-9-17
03-5388-4150
11:30～14:30(L.O.14:00)
17:30～21:30(L.O.21:00)
火曜休

西新宿の住宅地にある12席の小さな店。来日歴27年の店主、コマラタ・ヴェラスダン・ラメーシュさんは南インドの出身で、インドのホテルや日本のインド料理専門店でシェフを務めた後、2008年にオープンした。バターなどの乳製品をあまり使わず、加熱時間が比較的短い、南インドのメニューを多く揃えてツーオーダーでの提供に徹する。香り豊かで軽やかな味わいのカレーにはファンも多い。

ヴェジハーブサーガ

東京都台東区上野5-22-1 東鈴ビルB1
03-5818-4154
11:15～14:30(L.O.)
17:15～22:30(L.O.)
無休
http://vegeherbsaga.com

東京・御徒町の宝石商「ラ トウナサガル」のオーナーが開いた、インド式完全菜食（乳製品以外の動物性食品を使わない）の店。宗教的な理由で食事に不自由するインド人が多かったことから、2009年に自店並びのビルの地下で開業し、2015年にすぐ近くの現在地に移転して拡張。オーナーもスタッフもベジタリアンで、アルコール類を販売しない徹底ぶり。南北インドの伝統的なものからオリジナルまで各種ベジタリアン料理を提供する。

カジャナ(KHAZANA)

大阪市淀川区西中島4-6-30
06-6301-2545
11:00～14:30、17:30～23:00
無休

開業した1994年からしばらくはムガール料理のみであったが2000年以降、店主のヘメンデイヴさんの奥様ラタさんの郷里グジャラティ料理も提供するようになった。今回のメニュー以外にも小さなチャパティ、粗挽き全粒粉で作るバクリー、米と豆の蒸し料理ドクラ、豆の粉とヨーグルトで作るカンドゥヴィ、点心のようなカチョリなど料理は多彩（ベジタリアン料理のみ）で、内容や値段は臨機応変（要予約）。随時、料理教室の相談も受ける。

シンズキッチン(Singh's Kitchen)

大阪市中央区日本橋1-21-20
06-6632-4433
10:00～23:00
無休
http://singh-kitchen.com

オーナーシェフのクマールシンさんは東インドのオリッサ州の出身だが、務め先は南のハイデラバードやバンガロール、西のムンバイ、北のデリーなど各地。インドでは珍しく、東西南北の料理ができることからマルチな料理人として11年間勤め上げた。来日後2年間料理店に務め、2009年10月に現在の地で独立開業。店では南北の日替り料理8種類をはじめ、ハイデラバディビリヤニ、ドーサ、パン各種、タンドール料理もあり充実の品揃え。

プージャー

東京都荒川区町屋3-2-1
ライオンズプラザ町屋B1
03-3800-1636
11:45～14:30(L.O.14:00、土日のみ)
17:30～22:30(L.O.21:45)
水曜休(祝日の場合は営業、翌木曜休)
http://sarodiya.exblog.jp

長潟裕朗・ションチータ夫妻が2005年開業。ベンガル料理を提供する店は都内でも珍しいため、遠方からのリピーターも多い。そもそもはベンガルのバウルに興味を持った長潟さんが西ベンガルを訪れ、宿泊したホテルのオーナーの娘、ションチータさんと出会い、そのホテルの厨房でベンガル料理の基本を身につけたことによる。現在のメニューは、長潟さんが独学で覚えたものも数多く含む。

スパイスマジック カルカッタ 本店
東京都江戸川区西葛西3-13-3
03-5667-3885
11:00～15:00(L.O.14:30)
17:00～22:00(L.O.21:30)
無休
http://www.shanti-jbs.com/curry

インド産紅茶のブランド「シャンティ紅茶」の輸入販売元であるジャパンビジネスサービス㈲が経営。1999年のオープン当初は、コンピュータの2000年問題に向け、同社のある東京・西葛西周辺に増えてきたインド人システムエンジニア向けのクーポン制の賄い食堂だった。周辺の住人からの要望に応え、約1年後にレストランとしての営業を開始。店舗規模は40坪48席で、北インド料理を中心とする本格的なインド家庭料理を提供する。

スパイスマジック カルカッタ 南口店
東京都江戸川区西葛西6-24-5
第2コースタルビル2F
03-3688-4817
11:00～15:00、17:00～22:00(L.O.21:30)
無休
http://www.shanti-jbs.com/curry

西葛西駅北口にある本店に続き、2004年にオープン。本店と同様の北インド料理に加え、ニーズの増えてきた南インド料理も提供できるように厨房設備を整え、ドーサ、イドゥリ、ワダといった南インド独特のアイテムも手がけている。2016年現在、西葛西2店のほか、品川と横浜にも出店し、全4店舗の系列店に勤務する計17人のコックは全員インド人であることも特徴。店舗規模は20坪24席で、西葛西周辺に2000人以上いる在日インド人の常連客も多い。

大阪ハラールレストラン
大阪市西淀川区大和田4-13-2
06-6475-9786
11:00～15:00、17:00～22:00
月曜休（ラマダン期間中はランチ営業は日曜のみで夜は21時まで。）
http://osaka-halal-restaurant.jp

カシミール生れの店主アバスィカーリドメヘモンドさんはイスラマバードの料理店やホテルで腕を磨いた後、1986年に銀座のパキスタン料理店のコックとして来日し、のちに大阪に転居。2010年に西淀川区大和田にマスジド（イスラム教徒の礼拝所）が誕生すると、ここに集まるムスリムのために2013年4月開業に踏み切った。メニューは日々替り、毎週金曜はビッフェスタイル、土曜はハリームやニハリ、祝日はスペシャルターリなど多様に展開。

プルジャダイニング
東京都豊島区巣鴨1-36-6望月荘1F
03-6912-1867
11:00～14:30(L.O.)
17:00～22:30(L.O.)
第1、3火曜休
https://twitter.com/HcCkN5xEqli2jBP

ネパール人女性の店主、チャク・デビ・プルジャさんが作る伝統的かつ家庭的なネパール料理店。幼いころから母親に「料理を大事にしなさい」と厳しく教えられたプルジャさんは、2006年に来日後、まずカレーとナンを出す店に勤めたが、本物のネパール料理を提供したいと2011年に独立。池袋の「味家（あじや）」を経て、2014年10月に11坪18席の同店をオープンした。2015年4月のネパール大地震後は、被災地支援にも取り組む。

タカリバンチャ大森店
東京都大田区山王2-2-7八景坂ビルB1
03-3776-1471
11:30～14:30(L.O.)17:00～22:30(L.O.)無休（ただし、月曜は夜のみ営業）
https://www.facebook.com/ThakaliBhanchhaOmori

「タカリバンチャ」とはネパールの構成民族の1つ、タカリ族の食堂という意味。大森店は、タカリ族のディネス・クマル・シェルチャン氏が2014年に開業し、タカリ族の伝統料理を中心にしたネパール料理を提供する。店ではネパールの文化に触れてもらえるようにと、ネパールのお祭りに合わせたイベントやネパール舞踊を鑑賞できる賞味会を開催するほか、毎月日本人を対象に料理教室を実施している。

ノングインレイ
東京都新宿区高田馬場2-19-7
タックイレブンビル1F
03-5273-5774
11:30～23:30(L.O.23:00)
無休

ミャンマー料理店が多く集まる高田馬場の中でも、1998年開業の同店は最古参格。またミャンマー国外では珍しい、シャン料理の店としても注目されている。駅直近の飲食ビルで店舗スペース2つをつなげて営業するほか、同じフロアに団体客などに対応する支店がある。料理は「竹蟲」（蛾のサナギ）が有名だが、本来シャン料理は豆や発酵食品を多用するなど日本料理に通じる点があり、本書で紹介したもののほか豚や羊のカレーもある。

マイマイ

東京都練馬区旭丘1-76-2
TEL 03-5982-5287
月木金／18:00～22:00(L.O.)
土日／18:00～21:30(L.O.)、
火・水曜休
http://hem.ecoda.jp

ベトナム屋台料理の店。ベトナム料理に惚れ込んだ足立由美子さんが2005年にオープンした。「ベトナムの人達が普段食べているベトナムご飯を、ベトナムの食堂の雰囲気のままに出す」というのが足立さんの考え方。現地の居酒屋や屋台などで好まれているお酒のつまみや、軽食などのおかずも多い。足立さんは毎年ベトナムに渡り、最新の情報も取り入れつつメニューをブラッシュ・アップしている。

ライカノ

東京都足立区千住2-62
ラフェットビル1F
03-3881-7400
11:30～15:00(L.O.14:45)
17:00～23:00(L.O.22:15)
http://www.laikanok1993.com

東京の下町で1993年から店を構えるタイレストランで、店名は宝飾品などに用いられているタイ伝統の模様からとった。鶏肉のグリーンカレー、魚のレッドカレー、豚のレッドカレーのほか、現在のようにブームになる前から提供しているマッサマンカレーが定評。料理長のブートゥー・ソンシルさんはイサーン（東北タイ）出身で、イサーンコースも提供する。タイ国政府商務省「タイセレクト」認定店。

ラサ

東京都中央区銀座5丁目8-13
銀座ファイブスタービル8F
03-3289-1668
11:30～14:30(L.O.)
(土日祝は12:00～14:30)、17:00～23:00
無休

2002年開業のマレーシア・シンガポールレストランで、名物のフィッシュヘッドカレーのほかに、トマト風味のマラッカ風ニョニャチキンカレーやコタ・バル風野菜カレー、アロースター風チキングリーンカレーなども提供。料理長の黄栄華さんはマレーシア・クアラルンプールの5ツ星ホテルの料理長を務めた経験があり、マレーシア政府観光局推奨。全45席。

チャベ目黒店

東京都品川区上大崎3-5-4
第1田中ビル2F
03-6432-5748
11:30～14:30(L.O.)
17:30～22:00(L.O.)
日曜・祝日休

オーナーの大平正樹さんが2002年に都内武蔵小山で開業し、その後目黒の大鳥神社近くで10年経営。16年3月にJR目黒駅から徒歩7～8分のビル2階、インドネシア料理の老舗セデルハナのあった場所に移転。近くにはインドネシア大使館や学校があり、インドネシア人に根強く支持される。料理を担当して14年になるスタミさんは出身のジャワ地方だけでなく、インドネシア全域の地方料理に精通し、幅広いメニューを組んでいる。

セイロンカリー

大阪市中央区南船場1-13-4
フロントラインビル1F
06-6125-5434
11:30～15:00(L.O.14:30)
18:00～22:00(L.O.21:30)木曜休
http://www.facebook.com/セイロンカリー-147885318720500

2013年3月、大阪下町の大正区の商店街に開業。後の2016年春にビジネス街の長堀に移転した。シェフのランジさんはドイツや中国の万博イベントなどで腕をふるった後、同店の開業に合わせて来日。一枚の皿に白いライスと複数のカレー、おかずを盛りつけるスリランカのアンブラのほか、味を付けたライスに複数のおかずと揚げ卵をのせて蓮やバナナの葉で包み蒸しあげるランプライスなどを日本に紹介。

キャンディ

東京都中央区日本橋2-7-1
東京日本橋タワーB1F
03-6262-1407
平日／11:00～22:30(L.O.22:00)
土祝／11:00～21:00(L.O.20:30)日曜休
http://www.kandyroyalfood.com

スリランカの古都キャンディを代表するホテル・スイスなど、国内外の一流ホテルで10年以上の調理経験を積んだ2人のスリランカ人シェフを招へいし、2015年6月にオープン。アーユルヴェーダ料理をテーマに掲げ、スリランカ産のスパイス類や日本の吟味した食材を使い、健康にも配慮した料理を提供する。家庭料理とは一線を画す、洗練された味わいが特徴。地下鉄日本橋駅直結のビルの地下レストラン街にあり、店舗規模は25坪40席。

スパイシーレストラン アチャラ・ナータ

東京都中野区中野2-27-14 丸萬ビル3F
03-3381-3128
11:30〜14:30(L.O.)、18:00〜21:00(L.O.)
火曜休
https://www.facebook.com/acala.naatha2013

2013年5月オープンのスリランカ料理店。店主の馬渕雅博さんは、以前は上場企業のグループ会社に20年以上勤務していたが、ヨガをきっかけに2010年ごろからインド・スパイス料理にのめり込むようになった。たまたま縁あって、インドより先に訪ねたスリランカにまったく違和感を感じなかったことから、脱サラし、9坪14席の同店を開業。日本ではまだまだなじみの少ないスリランカ料理の紹介に尽力している。

上野藪蕎麦

東京都台東区上野6-9-16
03-3831-4728
11:30〜21:00 (L.O.20:30)
水曜休

1892年創業、上野のアメ横近くに店を構える東京を代表する老舗蕎麦店の一つ。1972年から店のそばを手打ちに切り替え、そば打ちの普及にも尽力してきた。下町らしく気取らない店で種物のそばや酒の肴も充実しており、場所柄海外からの旅行客も多く訪れる。2013年には店舗をリニューアルし、2階にあった手打ちスペースを1階へと移し、2階には半個室を2つ設けた。1階34席、2階33席。

あちゃーる

宮城県仙台市泉区高森5-15-7
022-777-2663
11:00〜14:30(L.O.14:00)18:00〜20:00(L.O.19:30)水曜定休、火曜月2回休有り。(ブログもしくは電話で確認のこと)
http://plaza.rakuten.co.jp/achaar/

小岩「サンサール」でネパール料理の魅力に開眼。インド、ネパール料理を学んだ森好宏さん、えみ子さん夫妻が、東京・向島でテイクアウト専門店として10年前に開業。その日作ったカレーをすべて試食してからチョイスするスタイルが人気を呼ぶ。09年に仙台市泉区にある自宅件店舗へ移転した後も地元の人気店に。店内はテーブル席が4席。新鮮な無農薬栽培の野菜からえみ子さんが作り出す、アチャール(漬物)のバリエーションも豊富。

ハイ ハウ アー ユー

神奈川県横浜市港北区日吉本町1-21-5
西之蔵ビル3F
045-548-8153
11:30〜21:00(L.O.)
月、第1・第3日曜休
http://www.trillcurry.com

雑居ビルの3階という目立たない立地にある16席の小さな店だが、地元のお客やカレー好きのお客など根強いファンが多い。定番のカレーメニューは10種類で、具材だけではなくベースのカレーソースそのものも異なっているのが特徴だ。店主の萩谷雄一さんは、インドやスリランカなどの「現地のカレー」の再現ではなく、自身が食べ歩いた数多くの日本のカレー店のメニューをヒントに、独自の味わいを作り出している。

Spice of Life(SOL)

大阪府箕面市瀬川5-2-17
オオトリビル1F
＊電話なし
11:30〜15:00
18:00〜21:00
月・火曜休(ともに多少の変動あり)

店はイートインとテイクアウトが可能で、一挙に複数の注文が通ることはざら。ナンを立て続けに4、5枚お代わりするインド人、下校中の高校生の買い食いなども。有名だからではなく、おいしくて何かと手頃だからリピーターになっていく客が多いというのが特徴的。吉田光寛さんはサラリーマン、ミュージシャン、メッセンジャーなどと紆余曲折を繰り返し、アジアレストランやインド料理店などで働いた経験を活かし、40歳にして独立開業。

モリ商店

大阪府大阪市北区西天満4-3-9
和光ビル1F
06-6363-2306
11:30〜15:00、18:00〜20:00
(土祝はランチのみの営業)日曜休
http://mori-curry.namaste.jp

レギュラーメニューは、タマネギをしっかりと炒めたチキンカレー、まろやかな味わいのバターチキンカレー、乳製品不使用の「やさいと豆のカレー」など基本的にインド系が中心。スポットでココナッツミルクとナンプラーが入ったベトナム風チキンカレー、浪速のオカンをイメージした牛すじのカレーなど、枠にとらわれない自由なカレーを提供している。

CURRY 草枕

東京都新宿区新宿2-4-9 中江ビル2F
03-5379-0790
11:30〜15:00(L.O.14:45)
18:00〜21:00(L.O.20:45)
無休(年末年始を除く)
http://currykusa.com

新宿御苑の新宿門に近い、書店の2階で営業。広いスペースに好きな本を並べるなど、随所に店主の馬屋原さんの趣味が感じられる。カレーは一皿にタマネギ1個分が入るのが特徴で、基本のチキンを筆頭に6種類あり、不定期でスペシャルカレーも提供する。追加トッピングはチーズ、発酵バター、大豆とひよこ豆の3種類。そのほか、辛さの調整やルー、肉の増量など、細かいアレンジにも応じる。

大岩食堂

東京都杉並区西荻南3-24-1
03-6913-6641
11:00〜15:00(L.O.14:30)
18:00〜23:00(L.O.22:00)月曜・木曜休
https://ja-jp.facebook.com/南インドカレースパイス料理-大岩食堂-1457817677831776

西荻窪駅高架下に伸びる西荻マイロードの一角に立地。店の向かいは以前スーパーだったことから、惣菜店のイメージで「大岩食堂」と命名した。カレーとおかずを同じリストに載せて選べるスタイルにして、アラカルトの料理を注文しやすいように配慮。基本のカレープレートに、リストからカレーを複数選んで追加しても、おかずばかりを追加してもよい。またこれとは別にアチャールやワダといった、付け合せ的な「小さなおかず」のリストも用意。

札幌らっきょ

札幌市西区琴似1条1丁目7-7
カピテーヌ琴似1F
011-642-6903
11:30〜22:00
第3水曜休
www.spicegogo.com

北海道と関東で計5店を直営するスープカレー専門店「らっきょ」の1号店。オーナーの井手剛さんは、札幌でブームだったスープカレーに着目して1999年に20坪22席の店を開業。店主として講師を務めた料理教室が募集の20倍近い応募数となり、その後レトルトやカレーの素の監修や、同業者の団体「スープカレー協議会」としてイベント出演を行なうなど、スープカレーの普及にも力を注ぐ。店主交流会「カレーヤーズ」の発案者のひとり。

SPICE RIG 香楽

札幌市豊平区豊平1条5丁目2-18
011-813-7057
11:30〜16:00 (L.O.15:30)
18:00〜23:00(L.O.22:30)
不定休
http://cowluck.not

洋食、和食はじめ様々な業態で調理経験を積んだ植田正人さんが、2004年に開いた25坪34席のカレー店。メニューは3種のベースを使い分けるスープカレー15種を軸に、小麦粉を使わないルーカレーもある。和洋の旨み材料でとるスープや具材の扱いなど、理にかなった調理法で味を引き出す。地域密着の人気店として近隣エリア限定でデリバリーを行ない、またオリジナルラー油の開発や他店との共同フェアにも取り組んでいる。

プレミアホテル門司港

福岡県北九州市門司区港町9-11 2階
RED&BLACKステーキハウス
093-332-3111
11:30〜14:30、17:30〜20:30、無休
http://premierhotel-group.com/mojikohotel

1999年に「門司港ホテル」として開業した同ホテルは、イタリアの建築家アルド・ロッシの遺作であり門司港レトロ地区のランドマーク的存在。2016年10月に「プレミアホテル門司港」にリブランドした。焼きカレーはメインダイニングのポルトーネのメニューだったが、15年末の改装で「RED&BLACKステーキハウス」で提供するスタイルに変更。自店でドライエージングする各種牛肉が看板商品で、テーブル38席、ソファ12席。

西洋料理七條

東京都千代田区内神田1-15-7
AUSPICE内神田1F
03-5577-6184
11:30〜14:00(L.O.)、18:00〜20:30(L.O.)
(土曜日はランチ営業のみ)
日曜・祝日休

2代目の主人の七條清孝さんは父藤清さんが1976年にはじめた洋食屋「レストラン七條」で働きながら、フランス料理店「北島亭」のオーナー・シェフ北島素幸さんの下で修業。その後、家業を継ぎ、昼はフライやカレーを主にした洋食、夜はビストロ料理をリーズナブルな価格で提供して好評を得る。2013年、ビルの建て替えにともない現在の内神田に移転。

帝国ホテル 東京
パークサイドダイナー

東京都千代田区内幸町1-1-1
帝国ホテル東京本館1階
03-3539-8046
6:00～23:00(L.O.)、無休
http://www.imperialhotel.co.jp

アメリカに見られるカジュアルなレストランであるダイナーをコンセプトに、2007年3月オープン。カウンター10席を含む全160席。開業10周年を迎えるにあたり16年7月にはグランドメニューを改定し、今回紹介した帝国ホテル伝統のカレーソースを使った各種カレーに加え、フェアで好評だった「ハレクラニ風チキンカレー」や「野菜と茸入りインド風トマトカレー」をランチとティータイムで提供開始。

リーガロイヤルホテル直営
レストラン グラントック

大阪市北区中之島5-3-51
グランキューブ大阪12F
06-6441-1485
11:00～14:00
不定休(グランキューブに準ずる)
http://www.rihga.co.jp/osaka/restaurant/list/grande/index.html

1935年開業の新大阪ホテルを前身とし、大阪財界や皇室、国賓などからも信頼される伝統と格式のあるリーガロイヤルホテル。その本館隣にある国際会議場(グランキューブ)の最上階に位置し、南側は全面ガラス張りとなっており、地上100mからの絶景が望める。カレーはハーフサイズのサラダとラッキョウや福神漬けなどがついて1836円。同じソースをベースにしたシーフード系のプレミアムカレーも人気が高い。

アーユルヴェーダ・キッチン
ディアン

東京都大田区蒲田5-12-12
アーヴェストホテル蒲田 1F
03-3739-0007
6:00～10:00(L.O.9:30)前日までに要予約
11:00～14:30　無休
http://www.urvest.com/kamataeast/about/didean.html

「アーヴェストホテル蒲田」が2015年3月に改装するのにともない、門前仲町の薬膳料理「ディアン」の支店として出店。ホテルの朝食としてアーユルヴェーダモーニングプレートを、ランチ時には90分のブッフェ(13時半からはワンプレートランチも用意)を提供する。料理は門前仲町でスリランカ料理店を営業していたG・ディラーニさんが監修。毎月最終土曜日のみディナーブッフェも行なっている。

肉料理とワインYUZAN

大阪市中央区南船場1-10-2
サンワトレーディングビル1F
06-6265-1199
17:30～23:00(L.O.22:00)
月曜休
http://www.a-nest.co.jp

1993年創業以来、熟成牛肉、ワインや日本酒との組合せ、赤ワインのしゃぶしゃぶなど、数々の斬新な食べ方を提案し続けてきた黒毛和牛のパイオニア的存在の店。カレーはオーナーシェフの安田幸英(ただよし)さんが30年以上前から重ねてきた研究の成果で、2007年頃ようやく商品化できた。これだけの厳選素材と手間隙をかけながらも価格は750円という手軽さもあり、常連客の間でクッパや冷麺をさしおいていつのまにか〆の定番となった。

Bar tram

渋谷区恵比寿西1-7-13
スイングビル2F
03-5489-5514
19:00～3:00(金土は4:00、日は2:00)
無休
http://small-axe.net/bar-tram/

2003年開業で、これまで日本で未紹介だった珍しい薬草酒やアブサンを中心にクラフトカクテルを提供する異色のバー。10年には親会社Small-Axeがこうした洋酒の輸入も開始。ちょうどその頃から料理長の岡屋心平さんが創作した"カクテルに合うカレー"を提供するようになり、ここでしか味わえないカクテルともどもヒットした。なお10時から19時までは「coffee tram」として営業するが(月曜休)、カレーはバーでの提供のみ。

翠

大阪市中央区東心斎橋1-16-20
心斎橋ステージア2階
06-6214-4567
17:30～23:00(L.O.)
水曜休

大阪を代表する名店「浪速割烹㐂川」で11年間修業し、料理長を務めた大屋友和さんが、2011年5月に独立開業。16年8月に同じ東心斎橋の現在のビルに移転した。移転後は3倍に拡張、カウンター9席、テーブル6席、座敷10席に。日本料理以外の外国の技術を柔軟に取り入れるスタンスで、自家製スパイスを使ったカレーもその一つ。料理はおまかせのコースのみなので、カレーが組み込まれるかどうかは要確認のこと。

GINZA TOTOKI
東京都中央区銀座5-5-13坂口ビル7F
03-5568-3511
11:30〜14:00(L.O.13:30)
18:00〜22:00(L.O.21:00)
月曜休(祝日の場合は営業)
http://www.totoki.jp

2003年「レディタン ザ・トトキ」として開業、10周年を機にリニューアルし、現在の店名に。カレーは平日ランチ限定のメニューで、2400円の「特製シーフードカレー」と「納得の短角牛ビーフカレー」、3800円の「和牛オックステールカレー」と「極厚ビーフカツカレー」の4種。オーナーシェフの十時亨さんは、北海道焼尻島の仔羊をはじめ日本各地の隠れた名食材を発掘してきた功績で、15年に料理マスターズと現代の名工をダブル受賞。

レストランコバヤシ
東京都江戸川区平井5-9-4
03-3619-3910
11:30〜15:00(L.O.13:45)
18:30〜22:45(L.O.20:30)
火曜休(祝日の場合は営業)
http://hard-play-hard-rk.com

JR総武線沿い、下町の平井駅から徒歩5分ほどのフレンチレストラン。オーナーシェフの小林邦光さんは開業当初からジビエやハタなどの内外の山海の素材に目を向けて鮮度と質を追い求め、フランス料理の伝統的手法や最新テクニックに独自の解釈を加え、すでに23年間の長きにわたり、顧客の根強い支持をかち得てきた。賄いが発端のGOUKAKUカレーは、そんな小林さんのフランス料理の枠だけにこだわらない食への探究心と柔軟さの賜物。

サロン・ド・カッパ
東京都千代田区麹町3-5-5サンデンビル1F
03-6272-4466
11:00〜15:00(L.O.)
18:00〜22:00(L.O.)
日曜休
http://salondekappa.com

2010年創業のイタリア料理店。オーナー・シェフの田口アキオさんは、ホテルニューオータニ、サバティーニを経て、グラナータ時代の落合務氏の下で修業。ローマやミラノで研鑽し、帰国後、都内のイタリア料理店数軒のシェフを歴任。マルメラータを用いた欧風カレーを商品化したのは、1991年にグッチーナ(東京・三軒茶屋)のシェフを務めたときから。現在、ランチタイムに提供するほか、ケータリングや通販でも人気を博している。

レストランピラミッド
東京都中央区築地2-12-16
イースト銀座ビルB1
03-6226-3008
11:00〜15:00(L.O.)(土曜は14:30)
17:00〜22:30(L.O.)
日曜・祝日休

オーナー・シェフの山本扶桑さんはイタリア料理の修業を経て、ドイツ料理の世界に移り、ドイツビアレストランJ.S.レネーブ(東京・有楽町)でシェフを務め、2010年に独立。ドイツ料理とカレーの店「ピラミッド」を開業。日本人に馴染みのあるカレーに着目し、独自の味を追求。その結果、カレーの継ぎ足し、焦がしルー、ビール、うなぎのたれ、醤油などの作り方と和洋の調味料を組み合わせた個性的な味を生み出す。

店舗別料理索引

あちゃーる
- オムレツ・コ・タルカリ…112
- キウイとレーズンのチャトニ…190
- 玄米胡麻プラフ…112
- なすのチャトニ…190
- 煮干しのあちゃーる…191

アチャラ・ナータ
- ビーツカレー…100
- ピットゥ…28（料理写真100）
- ホワイトフィッシュカレー…100

ヴェジハーヴサーガ
- ガッタカリー…38
- ジーラライス…38
- ハイデラヴァード ダム ビリヤニ…20
- バーティ…38

上野藪そば
- カレー南蛮…108

大岩食堂
- 天然真鯛のコランブ…132

大阪ハラールレストラン
- カシミリー アル バラク…62
- ザルダ…16
- チキンビリヤニ…14
- ビーフハリーム…58
- ラホリチャナ…60

カジャナ
- カディ…42
- キチュディ…42
- セゥ・トマト・サブジ…41
- チリヤニ・サブジ…42
- 冬瓜のムティア…42
- マサラテプラ…42

CURRY 草枕
- キチンとナスのカレー…128

キャンディ
- ヴァッタラパン…199
- エッグホッパー…24
- カッタ・サンボーラ…25
- キリバニ…196
- ゴーヤ・サンボーラ…96
- ココナッツクッキー…198
- ココナッツパンケーキ…197
- ココナッツロティ…25
- ローヤルエビカレー…98
- ローヤル野菜カレー…96

GINZA TOTOKI
- オックステールのカレー…170
- 特製シーフードカレー…168

コチン ニヴァース
- サフランライス…36
- マトンペッパーマサラ…36
- マラバール フィッシュマサラ…34

札幌らっきょ
- 知床鶏スープカレー…136

サロン・ド・カッパ
- モルタデッラのハムカツカレー…174

七條
- 秋田産豚ロースカツカレー…150

シンズキッチン
- パンジャビ アルゴビカレー…46
- パンジャビ ダルフライ…48

翠
- すっぽんビリヤニ…166
- 魚介グリーンカレー…164

Spice of Life
- シークカバブ…184
- タンドリーチキン…182
- メープルナン…26
- 野菜カレー…120

スパイスマジックカルカッタ本店
- チーズナン…27
- マサラチャイ…200
- マター パニール…54
- ヒラン カ マアス…56
- ムルグビリヤニ…18

スパイスマジックカルカッタ南店
- イドゥリ…22

SPICE RIG 香楽
- ベジタブルスープカレー…140

セイロンカリー
- キリマール…90
- ジャガイモのテルダーラ…90
- ハラクマスカリー…94
- パリップ…90
- ビーツのカレー…90
- ポルサンボル…90
- 間引き菜のサンボル…90

タカリバンチャ大森店
- アルコ・アチャール…68
- アンダ・プテコ…68
- クルサニコ・チョプ…72
- グンドゥルック・アチャール…68
- パトマス・サデコ…68
- フライドチラウ…68
- ベラコマス・タレラ・プテコ…68
- ミサエコ・アチャール…72
- ククラコマス・ゾール…72

チャベ目黒店
- グレ カンビン…86
- トンセン カンビン…88

帝国ホテル 東京
- 野菜カレー…152

ディデアン
- カシューナッツのカレー…156
- カレーリーフのチャツネ…189
- ケールのマッルン…156
- ゴトゥコンボル…156
- 大根のカレー…156
- ポルサンボル…188
- レモンピックル…187

ナンタラ
- エビのワルタルチャ…30
- クルフィ…194
- 魚のムラグシャム…32
- セーミヤパヤサム…195
- ニンジンのピックル…186

ノングインレイ
- アメーダー・ヒン…76
- ンガクー・ヒン…74

Bar Tram
- バーのラムカレー…162

HI, HOW ARE YOU
- チキンカレー…116

プージャー
- コシャ マングショ…52
- シェルシェ マーチ…50

プルジャダイニング
- グンドゥルック ゾール…66
- ディード…64
- 鶏もも肉のチキンカレー…64

プレミアホテル門司港
- 門司港焼きカレー…144

マイマイ
- ブン・カリー…78
- 鶏肉のレモングラス、ターメリック風味煮…80

モリ商店
- タマネギのアチャール…192（料理写真124）
- ひき肉とレンコンのカレー…124
- もやしのサブジ…192（料理写真124）

YUZAN
- ひと口ビーフカレー…160

ライカノ
- クーン バッポン カリー…82
- ゲェーン マサマン ヌァ…104

ラサ
- バンコール風フィッシュヘッドカリー…84
- ラクサ…106

レストラン グラントック
- ビーフカレー…154

レストラン コバヤシ
- GOUKAKUカレー…172

レストラン ピラミッド
- キーマカレー…178
- ソーセージカレー…176

主素材別索引

魚

イサキ
ブージャー　マチェル ショルシェ ジャール…50

イサキ・サクラマス・イカ・アサリ
GINZA TOTOKI　特製シーフードカレー…168

カジキ
コチン ニヴァース　マラバール フィッシュマサラ…34

鯛
大岩食堂　天然真鯛のコランブ…132
ラサ　バンコール風フィッシュヘッドカリー…84

トビウオ
セイロンカリー　キリマール…90

ナマズ
ノングインレイ　ンガクー・ヒン…74

ハマチ
ナンタラ　魚のムラグシャム…32

ブリ
アチャラ・ナータ　ホワイトフィッシュカレー…100

煮干し
あちゃーる　煮干しのあちゃーる…191

エビ

クルマエビ
キャンディ　ローヤルエビカレー…98

クルマエビ・イカ・ハマグリ
翠　魚介グリーンカレー…164

ブラックタイガー
ナンタラ　エビのワルタルチャ…30
ライカノ　クーン パッポン カリー…82

肉

牛
大阪ハラールレストラン　ビーフハリーム…58
セイロンカリー　ハラクマスカリー…94
ノングインレイ　アメーダー・ヒン…76
ライカノ　ゲェーン マサマン ヌァ…104
レストラングラントック　ビーフカレー…154
YUZAN　ひと口ビーフカレー…160
サロン・ド・カッパ　モルタデッラのハムカツカレー…174

牛尾
GINZA TOTOKI　オックステールのカレー…170

牛すじ
プレミアホテル門司港　門司港焼きカレー…144

鶏
大阪ハラールレストラン　チキンビリヤニ…14
スパイスマジックカルカッタ本店　ムルグビリヤニ…18
ブルジャダイニング　鶏もも肉のチキンカレー…64
タカリバンチャ大森店　ククラコマス・ゾール…72
マイマイ　ブン・カリー…78／鶏肉のレモングラス、ターメリック風味煮…80
HI, HOW ARE YOU　チキンカレー…116
CURRY 草枕　キチンとナスのカレー…128

札幌らっきょ　知床鶏スープカレー…136
Spice of Life　タンドリーチキン…182
レストランコバヤシ　GOUKAKUカレー…172

鶏ひき肉
モリ商店　ひき肉とレンコンのカレー…124
Spice of Life　シークカバブ…184

鴨
上野藪そば　カレー南蛮…108

羊
コチン ニヴァース　マトンペッパーマサラ…36
ブージャー　コシャ マングショ…52
タカリバンチャ大森店　ベラコマス・タレラ・ブテコ…68
Bar Tram　バーのラムカレー…162

ヤギ
チャベ目黒店　グレ・カンビン…86／トンセン・カンビン…88

豚
七條　秋田産豚ロースカツカレー…150

豚ひき肉
レストラン ピラミッド　キーマカレー…178

ソーセージ
サロン・ド・カッパ　モルタデッラのハムカツカレー…174
レストラン ピラミッド　ソーセージカレー…176

鹿
スパイスマジックカルカッタ本店　ヒラン カ マアス…56
翠　すっぽんビリヤニ…166

乳製品・卵

牛乳
ナンタラ　クルフィー…194／セーミヤパヤサム…195
スパイスマジックカルカッタ本店　マサラチャイ…200

カッテージチーズ
スパイスマジックカルカッタ本店　マター パニール…54

チーズ
スパイスマジックカルカッタ本店　チーズナン…27
プレミアホテル門司港　門司港焼きカレー…144

ヨーグルト
キャンディ　キリパニ…196

卵
キャンディ　エッグホッパー…24／ヴァッタラパン…199
タカリバンチャ大森店　アンダ・ブテコ…68
あちゃーる　オムレツ・コ・タルカリ…112

豆

カシューナッツ
ディデアン　カシューナッツのカレー…156

大豆
タカリバンチャ大森店　バトマス・サデコ…68

トゥールダール
シンズキッチン　パンジャビ ダルフライ…48

ヒヨコマメ
ヴェジハーヴサーガ　ガッタカリー…38
カジャナ　セウ・トマト・サブジ…41／カディ…42
大阪ハラールレストラン　ビーフハリーム…58／ラホリチャナ…60

ミックスビーンズ
　帝国ホテル 東京　野菜カレー…152
ムングダル
　カジャナ　キチュディ…42
レンズマメ
　セイロンカリー　パリップ…90
　Spoce of life　野菜カレー…120

穀物

小麦粉
　キャンディ　ココナッツロティ…25／ココナッツパンケーキ…197／ココナッツクッキー…198
　Spice of life　メープルナン…26
　スパイスマジックカルカッタ本店　チーズナン…27
全粒粉
　ヴェジハーヴサーガ　パーティ…38
　カジャナ　マサラテプラ…42
米
　大阪ハラールレストラン　チキンビリヤニ…14／ザルダ…16
　スパイスマジックカルカッタ本店　ムルグビリヤニ…18
　ヴェジハーヴサーガ　ハイデラヴァード ダム ビリヤニ…20／ジーラ ライス…38
　スパイスマジックカルカッタ南店　イドゥリ…22
　キャンディ　エッグホッパー…24
　コチン ニヴァース　サフランライス…36
　カジャナ　キチュディ…42
発芽玄米
　あちゃーる　玄米胡麻プラフ…112
干し飯
　タカリバンチャ大森店　フライドチウラ…68
赤米粉
　アチャラ・ナータ　ピットゥ…28
ソバ
　プルジャダイニング　ディード…64
　上野藪そば　カレー南蛮…108
デュラムセモリナ
　ナンタラ　セーミヤパヤサム…195
麺
　ラサ　ラクサ…106

野菜

カレーリーフ
　ディデアン　カレーリーフのチャツネ…189
グリーンピース
　スパイスマジックカルカッタ本店　マター パニール…54
ケール
　ディデアン　ケールのマッルン…156
ゴーヤ
　キャンディ　ゴーヤ・サンボーラ…96／ローヤル野菜カレー…96
サツマイモ
　マイマイ　ブン・カリー…78
ジャガイモ
　タカリバンチャ大森店　アルコ・アチャール…68
　セイロンカリー　ジャガイモのテルダーラ…90
　ライカノ　ゲェーン マサマン ヌァ…104
ジャガイモ・カリフラワー
　シンズキッチン　パンジャビ アルゴビカレー…46

ジャガイモ・ゴボウ・春菊・ナスなど
　SPICERIG 香楽　ベジタブルスープカレー…140
ジャガイモ・ナス
　Spice of life　野菜カレー…120
ジャガイモ・ブロッコリー・ナス・カボチャなど
　帝国ホテル 東京　野菜カレー…152
ジャガイモ・ホウレンソウ
　大阪ハラールレストラン　カシミリー アル パラク…62
大根
　ディデアン　大根のカレー…156
大根・ニンジン・キュウリ
　タカリバンチャ大森店　ミサエコ・アチャール…72
大根の葉
　セイロンカリー　間引き菜のサンボル…90
タマネギ
　モリ商店　タマネギのアチャール…192
ツボクサ
　ディデアン　ゴトゥコラサンボル…156
トウガラシ
　キャンディ　カッタ・サンボーラ…25
　タカリバンチャ大森店　クルサニコ・チョプ…72
トウガン
　カジャナ　冬瓜のムティア…42
トマト
　カジャナ　セゥ・トマト・サブジ…41／チリヤニ・サブジ…42
　CURRY 草枕　キチンとナスのカレー…128
　あちゃーる　なすのチャトニ…190
ニンジン
　ナンタラ　ニンジンのピックル…186
ビーツ
　アチャラ・ナータ　ビーツカレー…100
　セイロンカリー　ビーツのカレー…90
モヤシ
　モリ商店　もやしのサブジ…192
レンコン
　モリ商店　ひき肉とレンコンのカレー…124

乾物

乾燥青菜
　タカリバンチャ大森店　グンドルック・アチャール…68
乾燥タカナ
　プルジャダイニング　グンドルック　ゾール…66
切り干し大根
　タカリバンチャ大森店　ククラコマス・ゾール…72
紅茶
　スパイスマジックカルカッタ本店　マサラチャイ…200

果実

キウイ・レーズン
　あちゃーる　キウイとレーズンのチャトニ…190
ココナッツ
　セイロンカリー　ポルサンボル…90
　ディデアン　ポルサンボル…188
　キャンディ　ココナッツパンケーキ…197／ココナッツクッキー…198
レモン
　ディデアン　レモンピックル…187

カレー全書
より広く より深く
40軒の113のレシピ

2016年9月20日初版印刷
2016年9月30日初版発行

編者©	柴田書店
発行者	土肥大介
発行所	株式会社柴田書店

〒113-8477　東京都文京区湯島3-26-9 イヤサカビル
電話　営業部　03-5816-8282（注文・問合せ）
　　　書籍編集部　03-5816-8260
URL　http://www.shibatashoten.co.jp

印刷・製本　シナノ書籍印刷株式会社

本書収録内容の無断転載・複写（コピー）・
引用・データ配信等の行為は固く禁じます。
落丁・乱丁本はお取り替え致します。

ISBN 978-4-388-06243-0 C2077
Printed in Japan